Vera d'Orey Santiago Tânger

O LIVRO BRANCO DO CASAMENTO

Tudo o que você precisa saber para organizar o seu casamento e torná-lo inesquecível

Vera d'Orey Santiago Tânger

O LIVRO BRANCO DO CASAMENTO

Tudo o que você precisa saber para organizar o seu casamento e torná-lo inesquecível

lua de papel

CIP-BRASIL. CATALOGAÇÃO-NA-FONTE
SINDICATO NACIONAL DOS EDITORES DE LIVROS, RJ.

T169L Tânger, Vera d'Orey Santiago
O livro branco do casamento : tudo o que você precisa saber para organizar o seu casamento e torná-lo inesquecível / Vera d'Orey Santiago Tânger; – Rio de Janeiro: Leya, 2013.
124 p.: il.; 23 cm

ISBN 978-85-8044-651-7

1. Casamento 2. Cerimônia de caamento – Equipamento e acessórios 3. Organização. I. Título.

12-9170. CDD: 395.22
CDU: 395

13.12.12 19.12.12 041569

Título: *O livro branco do casamento*

Este livro foi escrito segundo
o Novo Acordo Ortográfico de 1990

Diretor editorial: Pascoal Soto
Editora executiva: Maria João Costa
Assessores editoriais: Bruno Fiuza e Raquel Maldonado
Preparação de texto: André Uzêda
Revisão: Vívia de Aguiar
Ilustrações: André Trindade
Diagramação: Editoriarte
Designer de capa: Maria Manuel Lacerda
Adaptação de capa: Trio Studio

TEXTO EDITORES LTDA.
[Uma editora do Grupo Leya]
Rua Desembargador Paulo Passaláqua, 86
01248-010 – Pacaembu – São Paulo – SP – Brasil
www.leya.com.br

ÍNDICE

AGRADECIMENTOS

À minha editora, Maria João Costa, a grande entusiasta deste tema desde a primeira hora; um especial obrigada à Maria João Vieira, que sendo multidisciplinar pessoal e profissionalmente deu uma contribuição importante; ao António Ribeiro de Matos, decorador e organizador de eventos, pela forma engraçada como relatou algumas situações profissionais, e à Luísa Monjardino, organizadora de casamentos e eventos na Quinta do Pé da Serra, (Sintra) em Portugal e à minha amiga Carlota Cavalcanti de Camargo que me esclareceu sobre os costumes e tradições no Brasil. Um especial agradecimento aos meus filhos, Maria e Pedro, que por se casarem este ano, verificaram e aprovaram a grande utilidade deste livro e da Agenda.

INTRODUÇÃO

Celebrado no mundo inteiro, o casamento é a festa de família mais antiga da história da humanidade e que tem sobrevivido através dos tempos. Celebrado civil ou religiosamente, é através do casamento que homem e mulher se unem e constituem uma família.

Variando de cultura para cultura, de religião para religião, esta festa é celebrada com mais ou menos pompa, de acordo com as respectivas tradições, e pode durar até vários dias. Há países e culturas onde o casamento funciona como um contrato entre duas famílias em que os noivos são escolhidos e apenas se conhecem no dia do casamento. Em outros, a oferta do dote é tema de grande importância, podendo atingir valores extraordinários.

A festa do casamento tem-se adaptado aos tempos e modos de viver de hoje e, naturalmente, há algumas tradições que se perderam e outras que se ganharam.

A idade dos noivos mudou, o namoro e o modo de vida antes do casamento também, e a organização e o pagamento da festa são cada vez mais controlados pelos noivos. Dentro do bom senso, da educação e sem ofender os convidados, "tudo" é permitido desde que bem feito.

Para se organizar um casamento é preciso:

- Conhecer todos os pormenores necessários;
- Elaborar as listas de tarefas correspondentes;
- Contatar fornecedores;
- Tomar decisões sem hesitar;
- Ter tempo;
- Ser disciplinado;
- Ter dinheiro para pagar tudo;
- Aprender a controlar o estresse.

Este é um livro-guia-manual dirigido às noivas que, na realidade e na maior parte dos casos, são as organizadoras deste evento, e responde, passo a passo e de forma prática, às questões mais frequentes que surgem durante a preparação da festa do casamento, no seu formato mais habitual.

A ***Agenda do meu casamento***, prática e pequena, própria para carregar sempre na bolsa, tem espaço para tomar notas e escrever as suas ideias, anotar os contatos dos fornecedores, um planificador de despesas para controlar o orçamento, listas de tarefas, questionários para os fornecedores, além de um calendário de execução.

O NOIVADO E O PEDIDO

A paixão dá asas à imaginação, as ideias mais românticas surgem e eis que o pedido de casamento acontece.

De joelhos sobre um coração recheado de pétalas de rosa...

... Depois de um jantar a dois, naquele restaurante em que juraram amor eterno...

E o anel?
Lindo!

E agora, o que faço? A quem devo contar em primeiro lugar? À minha mãe? À minha melhor amiga?

E como vai ser a festa de casamento? E são tantas coisas para tratar!!!! Surge um turbilhão de ideias e imagens que, depois da excitação, da alegria e da felicidade, o estresse se instala.

O PEDIDO DE CASAMENTO

Já foi tempo em que, de modo bastante privado e formal, o futuro noivo pedia a mão da amada a seu pai e, em caso positivo, oferecia à noiva um anel de noivado como sinal de comprometimento. Os tempos mudaram e o pedido de casamento atualmente é mais íntimo e mais ou menos romântico de acordo com o estilo de cada um. Nesse momento a dois e particular, o noivo oferece o anel de noivado e a noiva o coloca na mão direita assim mantendo até o dia do casamento.

Este momento é mais tarde formalizado por um jantar organizado pela mãe da noiva e para o qual convida a família mais próxima do noivo. Hoje porque as casas são menores ou não oferecem as condições necessárias para a realização deste jantar, é bastante comum realizar esse jantar em um restaurante e, caso os pais sejam divorciados ou haja constrangimentos de qualquer outra ordem, esta solução é, inclusive, mais cômoda para todos.

Depois de estabelecida uma data, é hora de a dona da casa convidar todas as pessoas da lista de convidados para o jantar de pedido de casamento da noiva. É sempre de bom tom saber se alguém tem alguma restrição alimentar para que se possa preparar um menu apropriado e assim evitar problemas mais tarde. Se o jantar for realizado num restaurante, para melhor receber os convidados, escolhe-se previamente um cardápio com opção de peixe ou carne, vinho tinto e vinho branco e um prato para as crianças, se for o caso.

Em muitos casos é neste jantar que as duas famílias se veem pela primeira vez e se conhecem de fato. O principal tema de conversa é, naturalmente, a realização do casamento e todos os assuntos inerentes, como a data, o local, o número de convidados e a decisão do tipo de casamento – civil ou religioso. Os noivos gostam de falar sobre as ideias para a decoração ou tema escolhido e logo surgem opiniões e conselhos de quem, com mais experiência, passou pelas mesmas emoções.

Hoje há muitas famílias em que os pais são divorciados ou vivem separados, e por isso os noivos têm de escolher, de forma clara e inequívoca, quem desejam que os leve ao altar e ter por perto durante a organização do casamento, assim como convidar para a mesa dos noivos.

São temas delicados e a gestão destes assuntos familiares tem de ser feita com muito bom senso e muita diplomacia, a contento de todos e sem ferir suscetibilidades.

A lista de convidados

- Os pais dos noivos;
- Os padrinhos de batismo e respectivos cônjuges (sobretudo se o casamento for religioso);
- Os irmãos;
- Os avós.

GERIR O ORÇAMENTO

Ainda não faz muito tempo quando eram os pais da noiva que pagavam toda a festa e o vestido, e os pais do noivo pagavam a lua de mel. Agora não é necessariamente assim e todas as hipóteses são viáveis. Hoje, e porque alguns noivos casam mais tarde e são independentes financeiramente, também repartem algumas despesas. O importante é todos conversarem e chegar a um consenso, dividindo as despesas de acordo com as posses de cada um.

"Gostaria de chegar à igreja numa carruagem puxada por quatro cavalos brancos, vestida de seda branca com aplicações de pérolas prateadas. Depois da cerimônia, desfilar, bonita e segura, de braços dados com o meu marido, pelos jardins do palácio e saudar os convidados. Os pajens vestidos como príncipes cobririam o chão de pétalas de rosa à nossa passagem."

"O meu sonho seria chegar de helicóptero ao estádio de futebol do... onde o meu noivo me espera para casar. As mesas para o jantar estarão decoradas com orquídeas roxas e será servido um jantar gourmet. No momento de cortar o bolo inicia-se um espetáculo de som e luz seguido de um concerto ao vivo de banda ...."

As ideias são muitas e os sonhos ainda mais, mas antes de pôr a imaginação para trabalhar, será que há meios para tudo isso?

A primeira grande questão é saber de quanto dinheiro se dispõe e, com base nesse orçamento, decidir o estilo do casamento (formal, informal ou alternativo), escolher o local da recepção, determinar o número de convidados possível, estabelecer um preço para o vestido de noiva e todos os outros pormenores sempre dentro do estabelecido.

O casamento é, neste momento, a festa mais importante para você e para o seu noivo, e é constrangedor ter de planejar um evento tão importante com tantas limitações e condicionantes, mas tudo tem um preço. Mantenha os pés bem presos à terra e seja realista! Iniciar (ou continuar) uma vida a dois com um empréstimo para pagar uma festa (porque é disso que se trata) não é aconselhável, nem a solução correta.

Despesas antes do casamento
Alianças;
Cabeleireiro/barbeiro e tratamentos de beleza;
Convites, envelopes;
Despedidas de solteiro;
Documentação.
Entrega de convites;
Roupas e acessórios para os noivos;

Despesas com a cerimônia e recepção
Alimentação, bebidas e mesa de doces;
Aluguel do local da recepção;
Aluguel do material (mesas, cadeiras etc.);
Assessoria (opcional);
Bem-casado;
Bolo de casamento;
Coro, DJ ou banda de música;
Decoração do local da recepção e igreja;
Flores e buquê;

Fotógrafo (fotos e filmagem);
Igreja (opcional);
Manobristas;
Material impresso (opcional);
Presentes para os convidados (opcional);
Taxas e honorários da igreja e do cartório
Transportes.

Despesas depois do casamento
Lua de mel;
Cartões de agradecimento.

OUTROS FATORES A CONSIDERAR

- **Época do ano**

É mais caro casar no verão do que no inverno.

- **Grau de formalidade**

Mais formal significa mais caro para noivos e convidados.

- **Refeição**

O almoço pode ser mais caro do que o jantar; coquetel ou bolo com champanhe fica mais em conta.

- **Servido ou bufê?**

A refeição servida necessita de mais empregados, mas o bufê requer mais comida e gera maior confusão.

- **O local**

Um hotel de cinco estrelas implica uma refeição e traje sofisticados; um sítio, chácara ou casa bonita preparada para a ocasião ajuda a poupar no material, geralmente incluído.

Ainda está sentada?

De entre estas rubricas – vestido, local, alimentação/bebida e entretenimento – define a ordem de importância. Atribua um valor a cada uma e, passo a passo, complete o plano de contabilidade. À medida que for recebendo orçamentos e conhecendo os preços, anote esses valores a lápis (para poder corrigir) na folha de planejamento e faça os ajustes necessários. Subtraia o que é menos importante para somar ao que mais lhe interessa e componha o orçamento sem ultrapassar o total preestabelecido.

Durante este processo é normal que haja alguns atritos com momentos de grande nervosismo, frustrações e pequenas irritações. Prepare-se para ceder e seguir a regra do bom senso, ajudando a resolver e a desvalorizar todas as questões. Entre na vida de casada com o pé direito e de peito erguido.

ALGUMAS IDEIAS PARA A DIVISÃO DE DESPESAS

Família da noiva:
- Vestido de noiva e acessórios;
- Flores e decoração;
- Recepção.

Noiva:
- Presente para o noivo.

Família do noivo:
- Música;
- Cerimônia;
- Documentos;
- Material impresso;
- Roupa e acessórios do noivo;
- Transportes.

Noivo:
- Presente para a noiva.

Padrinhos:
- Alianças.

Proponha a alguns convidados pagarem, total ou parcialmente, algumas das despesas desta festa. Por exemplo, aquele tio que gosta tanto de flores oferece o buquê da noiva; a prima que tem bom gosto para se vestir contribui para o vestido de noiva; os irmãos dos noivos pagam o vinho; o primo que trabalha na confeitaria oferece o bolo de noiva; a amiga que faz sabonetes contribui com parte dos presentes para os convidados. Apesar da boa vontade de todos, deixe bem claro que, a última palavra cabe aos noivos, ou corre o risco de algumas coisas não serem bem do seu agrado.

Quanto a você, comece a fazer algumas poupanças, deixando de ir jantar fora algumas vezes ou de comprar aquelas peças de roupa (indispensáveis!) e logo verá que, até ao dia do casamento, vai conseguir juntar uma boa quantia de dinheiro. "De grão em grão..."

Uma festa de casamento cara não significa, a princípio, uma festa de sucesso, e com menos dinheiro também se prepara uma recepção digna. Se não puder servir lagosta ou contratar aquela banda de 10 músicos, não é o fim do mundo. Pense no que realmente é importante para os dois e preocupe-se em proporcionar aos amigos e familiares um ambiente simpático, simples e agradável.

CONTRATAR OU NÃO ASSESSORIA – EIS A QUESTÃO!

Na vida há momentos em que é preciso fazer opções, e este é um deles. Organizar um casamento é uma operação gigantesca com listas intermináveis de tarefas e, se o seu ramo de atividade não é organizar eventos, é aconselhável contratar uma empresa de assessoria. Saber selecionar os diferentes prestadores de serviços, ter experiência neste ramo de atividade, conhecer todos os pequenos detalhes (que se não forem pensados podem levar ao fracasso) é um assunto sério.

Pagar os serviços dessa empresa é dinheiro bem aplicado. Pense,... Escolher e contratar o serviço de buffet, a organização e decoração do espaço, por serem mais complicados e repletos de detalhes, é melhor deixar para um profissional. Terá menos dores de cabeça, menos desgaste pessoal e chegará ao dia x com menos estresse. Para aliviar custos você pode contratar direta e pessoalmente (se valer a pena em termos financeiros) alguns serviços, como por exemplo o fotógrafo ou a música; o buquê e o bolo de casamento. O serviço de *bufê*, a organização do espaço e a decoração, por serem mais complicados e repletos de detalhes, é melhor deixar para um profissional.

INCLUA O NOIVO

Se resolver fazer tudo sem assessoria e sabendo de antemão a enorme responsabilidade que se aproxima, reúna uma equipe de trabalho e divida as tarefas, mas assuma a posição de chefia e supervisão. Trata-se do seu casamento e tudo tem de estar do seu jeito.

Este é um bom momento para começar a partilhar tarefas. Acima de tudo, não assuste o noivo! Se vai casar com ele é porque confia nas suas capacidades e dar-lhe espaço e poder de decisão é essencial para um bom entendimento. Percorram a lista de tarefas, ponto por ponto e de acordo com os dotes, preferências e capacidades de cada um, e divida as funções. Não o deixe de fora mesmo que ele pense que "isto é trabalho de mulher", nem entre naquela de "não sei, decide você". Isso é muito fácil e cômodo. Deve haver cedências por esta ou aquela razão e, sem nervosismos ou acusações mútuas, atuem juntos neste projeto. Olhe para as dificuldades como desafios e ria de vez em quando. Além disso, os convidados nunca vão saber das aventuras e desventuras, e muitas vezes nem se dão conta de algumas falhas (pequeninas, claro).

Exemplos: Se um dos noivos é gestor ou tem jeito para números, deixe a gestão financeira com ele; se ele for decorador talvez o possa envolver na decoração do espaço ou, se algum dos noivos está ligado à indústria alimentar, poderá se ocupar de escolher o cardápio.

Dentre as pessoas que quiserem e puderem ajudar, divida as tarefas de acordo com as caraterísticas de cada uma. Pedir a uma amiga que não distingue uma rosa de um cravo para cuidar das flores talvez não seja o mais indicado.

"Distancie-se" e pense que está, como profissional, organizando um casamento para outra pessoa. De cabeça fria, as ideias surgem mais organizadas e sob uma perspectiva mais realista.

Participe sempre da primeira reunião com os fornecedores, acompanhada pela pessoa responsável pela gestão e explique a sua ideia, falando daquilo que realmente gostaria. Faça todas as perguntas, anote o que vai sendo dito e ouça as ideias e conselhos de um profissional. Daí em diante deixe que o responsável "nomeado" por você acompanhe o processo e seja o único interlocutor com o fornecedor e não intervenha diretamente. Não há nada mais confuso para uma organização do que receber ordens contraditórias e/ou alterações constantes, o que, para além de atrasar o processo, traz maiores custos.

Siga a lista de tarefas e cumpra os pagamentos predeterminados, sempre com atenção aos detalhes.

Importante: Reserve 10% do orçamento para imprevistos e surpresas de última hora.

A IMPORTÂNCIA DA DATA

Decidir a data casamento pode ser muito fácil se desde sempre soube o dia em que gostaria de casar; mas se não for esse o caso, leia e considere:

- **Daqui a quanto tempo?**

Quanto tempo precisará para juntar todo o dinheiro necessário (seu e dos outros intervenientes); de quantos meses precisará para organizar todas as questões que intervêm num casamento.

- **Datas importantes na vida dos noivos**

Há sempre aqueles dias especiais que nenhum casal esquece: O dia em que se conheceram; o dia em que começaram a andar juntos; o dia em que ele a pediu em casamento; o dia em que um determinado familiar importante para um dos noivos se casou ou, se acredita nessas coisas, a data indicada pelo astrólogo.

- **Estação do ano**

Os meses de verão são os mais requisitados (e os preços mais elevados), mas a primavera e o outono também têm o seu encanto. Se pensar num casamento de inverno verifique se o local escolhido tem área coberta (em caso de chuva) e pondere as eventuais dificuldades de acesso.

• Dias da semana

Sábado é sem dúvida o dia mais escolhido para casamentos, sobretudo entre os mais jovens, mas caso opte por uma cerimônia sem música ao vivo ou sem pista de dança, considere outro dia da semana. Durante a semana, além de ter maior facilidade em encontrar mais locais disponíveis, os fornecedores estarão também menos ocupados. Uma boa opção a considerar serão as vésperas de feriados que não enforcam.

• Convidados especiais

Por serem pessoas muito ocupadas ou residirem no exterior, indague sobre a sua disponibilidade e tenha em consideração essas datas.

• Dias inconvenientes

Por razões óbvias, o Natal, Ano Novo, vésperas de feriados prolongados, vésperas de viagens de trabalho, vésperas de reuniões anuais importantes da empresa de um dos noivos ou os dias que antecedem aquele congresso em que vai ser oradora são datas a evitar.

Depois de ponderado o acima exposto, de calendário na mão, anote as várias hipóteses e passe ao número seguinte, a seleção do local da recepção.

Faça uma lista por ordem de preferência e marque uma visita. Se for preciso, não hesite em visitar o local mais de uma vez, até decidir definitivamente.

Dada a solenidade do casamento religioso, verifique se a igreja e o local da recepção estão livres na mesma data, o que não é necessariamente igual para um casamento civil. Em ambos os casos é importante marcar previamente o dia da cerimônia.

A IMPORTÂNCIA DO LOCAL DE RECEPÇÃO

A escolha do local para a recepção e festa do casamento é um dos fatores mais importantes na organização de uma festa que se quer perfeita (ou quase). É a celebração do início de uma vida a dois, mas não será a única nem a última festa das suas vidas, portanto seja comedida e faça tudo dentro de um orçamento razoável.

O espaço deve refletir a personalidade e estilo de vida dos noivos e estar de acordo com o grau de formalidade que pretendem para este dia tão especial. Com algumas datas alternativas em mente, sabendo o número de pessoas que pretende convidar e quanto pode gastar, inicie esta pesquisa com 10 a 12 meses de antecedência. A procura é grande e corre o risco de não conseguir vaga para o dia desejado, sobretudo se o local pretendido for muito requisitado.

Antes de partir para a descoberta de sítios, chácaras, restaurantes ou hotéis, anote as suas ideias, as cores e o estilo e, se tiver sonhado com temas, por que não anotá-los também?

Recolha informações junto de seus amigos recem casados. Sempre que participar de casamentos observe tudo e anote na Agenda do meu casamento o que viu de bom e de nem tão bom assim. São sempre dicas interessantes que podem ajudar a minimizar problemas ou dar soluções.

Organizar a festa em casa ou em local próprio é bonito, mas pondere todos os custos envolvidos e veja se compensa. O aluguel de todo o equipamento, transporte, limpeza e todo o trabalho envolvido, antes e depois, representam um esforço acrescido e implicam mais detalhes para a lista de tarefas e consequente fonte de preocupação e/ou estresse. Será que vale a pena?

É importante considerar os seguintes fatores:

- **A experiência da empresa e opiniões**

É importante saber da idoneidade, profissionalismo e qualidade de serviço da empresa em questão, assim como ouvir ou ler os comentários de quem utilizou esses serviços.

- **Identifique o que é mais importante**

Decoração, ementa, localização (na cidade ou no campo), vista e paisagem, entretenimento etc. Cada aspecto tem as suas características.

- **Interior ou exterior**

Verifique se o local está preparado para ser usado na época do ano que pretende, sem recorrer ao aluguel de tendas, que representa um custo extra elevado, além de muitos outros detalhes a somar (chão, arrefecimento/aquecimento etc.).

- **Casar no inverno**

O local pode ser mais barato, mas verifique se o aquecimento é eficaz e se está incluído no preço. Pondere as condições de acesso, sobretudo se for em regiões de neve ou gelo.

- **Capacidade suficiente**

Receber um grande número de convidados num espaço pequeno é tão incômodo e pouco acolhedor quanto ter poucas pessoas num espaço muito grande! A distância entre as mesas tem de ser agradável para gerar comunicação entre os convidados e criar ambiente de festa, da mesma maneira que a circulação tem de ser fácil.

- **Banheiros**

É importante que o número de banheiros seja razoável, estejam bem assinalados e o apoio de limpeza seja efetivo. Se a recepção for ao ar livre, não hesite em alugar banheiros químicos colocados estrategicamente.

- **Conforto dos convidados**

Para além da beleza natural e da decoração, as cadeiras têm de ser confortáveis, a temperatura ambiente agradável, a comida e bebida de qualidade e em quantidade suficiente, e a música do agrado geral. Para os dias de inverno preveja um cabideiro bem organizado com um empregado especialmente contratado para receber e entregar os casacos.

- **Parqueamento**

Tem de ser suficiente para o número de viaturas esperado e relativamente próximo ao local da recepção. Considere manobristas.

- **Horário de trabalho e quantidade de garçons**

Pergunte qual o número de horas de trabalho e quantos garçons estão incluídos no preço; quantos garçons ficariam depois desse tempo pré estipulado e qual o preço por cada hora extra e pondere esses custos.

- **A distância entre o local da cerimônia e da recepção**

Se for caminhando, não deve ser mais do que 15 a 20 minutos; de carro, pense que não há vestido que "resista" a mais de duas horas "amassado" (importante para a escolha do vestido...).

• O que o local oferece

Hoje, a maior parte dos locais providencia bufê, bebidas, cadeiras, mesas, louças, toalhas de mesa etc. Veja todas as peças, folheie os álbuns de fotos e aceite alguns conselhos dos responsáveis pelo local. Se mesmo assim a oferta não estiver à altura das suas expectativas, pergunte se pode contratar outra(s) empresa(s) para o efeito e pondere os custos e as condições.

• Horas de ruído

Se é adepta de dança pergunte até que horas é permitido ter música sem incomodar a vizinhança.

• Autorização para fumar

É importante que se possa fumar dentro desse local e à mesa ou corre o risco de os convidados fumantes se ausentarem frequentemente da mesa (deixando os lugares vazios) e se concentrarem em outros locais para fumar.

Agora, mãos à obra e inicie a procura por locais. Faça algumas visitas virtuais pela internet e anote as vantagens e desvantagens de cada um, mas não espere encontrar preços. Telefone para aqueles que lhe suscitarem curiosidade e faça algumas perguntas. De acordo com as respostas, elimine os que não lhe interessam. Reduzida a seleção a três endereços, marque uma visita para a hora em que gostaria de realizar a festa do seu casamento e, assim, poderá ver e sentir o ambiente da sala e a paisagem. Por exemplo: o espaço ao meio-dia é lindo e a vista do mar soberba, mas com o cair da noite, se não houver iluminação exterior, tudo se perderá.

Outra boa fonte de informação são os comentários de amigos sobre os locais por eles utilizados. Os monumentos históricos ou outros edifícios públicos poderão ser uma solução atraente, onde, por razões óbvias, a beleza arquitetônica está incluída e os gastos com decoração serão menores, mas o horário pode ser reduzido.

Acompanhada pelo noivo e munida da lista de perguntas (ver "Questionário para fornecedores" na ***Agenda do meu casamento***), visite todos os espaços do local, utilize os banheiros e certifique-se das condições de higiene da cozinha e da zona de frio. Se possível, tire fotografias para mais facilmente identificar os detalhes.

Imagine o local decorado como sonha, nas cores que lhe agradam e faça o percurso como se fosse o convidado – estacione o carro, atravesse o *hall* de entrada até o local do coquetel, dirija-se ao salão e sente-se em várias mesas. Observe e estude onde se tem a melhor vista e atente para a localização da mesa dos noivos, o espaço para dançar, o DJ e o bar. A proximidade dos banheiros e a circulação dos empregados são detalhes para se levar em conta. Uma vez escolhidas as louças e as toalhas, sente-se à mesa (posta), faça de conta que bebe água e usa os talheres para comer e verifique se a colocação destes elementos é confortável.

A qualidade e o profissionalismo do atendimento é um dos fatores importantes para a tomada de decisão final, porque reflete a forma como lidam com o cliente e, consequentemente, com os seus convidados. A rapidez na resposta e o modo como correspondem aos seus pedidos são indicativos a considerar. Deixar um *e-mail* sem resposta por mais de 2 dias ou não responder a telefonemas não é um bom sinal. Classifique de 1 a 5 cada local e no fim terá a resposta.

Os promotores do local gostam de falar sobre eventos aí realizados antes, da distribuição do espaço e de como decorreu o desenrolar dos acontecimentos. Consulte os álbuns de fotografia, apreenda algumas ideias e ouça a experiência profissional, sempre muito importante. Faça todas as perguntas necessárias, escreva as respostas e anote todo e qualquer detalhe que lhe pareça importante. Se for o caso, leia e estude as condições contratuais. Nunca caia na tentação de fazer a reserva de imediato, mesmo que lhe digam que há muitas pessoas à espera. Quando estiver perto da decisão final, visite mais uma vez o local, preferivelmente num dia cinzento e chuvoso, porque tudo pode acontecer. É melhor pensar bem, e quando tiver todos os elementos na mão, decida em conjunto com o noivo e de cabeça fria.

Escolhido o local, desenhe na planta a localização de:

- Mesa dos noivos;
- Mesas para o bufê (se for o caso);
- Mesas para os docinhos;
- Mesa para o bolo de casamento;
- Mesas para os convidados;
- Dança;
- Banda ou DJ.

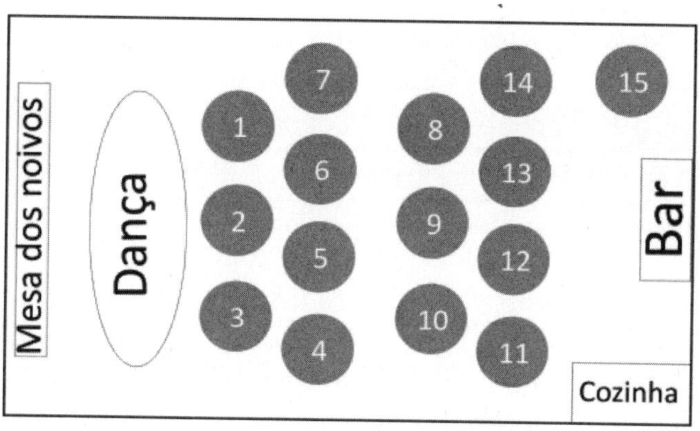

FAZER A LISTA DE CONVIDADOS

A composição da lista de convidados depende de dois fatores: o orçamento preestabelecido para a festa e a capacidade do local. A divisão do número de convites entre as famílias dos noivos pode causar algum desconforto entre as partes, principalmente se for apenas um dos pais (tradicionalmente são os pais da noiva) a convidar e a pagar todas as despesas, deixando o outro lado em situação de favor. Idealmente, repartem-se as despesas entre os pais do noivo e da noiva e dessa forma ninguém fica devendo nada a ninguém. Caso não seja possível, quem convida deve oferecer um determinado número de convites ao outro lado da família.

Os pais dos noivos preparam a lista dos respectivos familiares e amigos, começando pelos mais chegados e sem esquecer os padrinhos de batismo (sobretudo se o casamento for religioso). Cabe aos noivos organizarem a lista de amigos que devem ser comuns (deixem os colegas de trabalho para outra ocasião), começando pelos mais íntimos ou aqueles que não dispensam, os que os convidaram para seus casamentos e, depois, os que vêm de longe. É conveniente ter uns nomes a mais (cerca de 10%) para, à medida que receber respostas negativas, substituir por outros.

Não é boa ideia convidar ex-namoradas ou ex-namorados, porque pode causar algum ciúme e/ou desconforto, assim como, por ser uma festa que se prolonga noite adentro, não se adequa a crianças muito pequenas. Estabeleça um limite de idade e seja flexível dentro da razoabilidade. Outra situação são os(as) namorados(as) dos amigos que os noivos não conhecem. Estabeleça uma regra de acordo com o número de convites de que dispõe e seja coerente, ou acabará por ser injusta com alguém. O mais difícil será cortar nos nomes e, acredite, vai ter que cortar!

Há sempre pessoas de quem não se gosta ou com quem não se tem empatia. Se por acaso essas pessoas constarem nas listas, é melhor dizer logo para evitar dissabores ou desavenças. Outra situação delicada que hoje acontece é a eventual presença de namorados(as) ou acompanhantes de pais divorciados e com quem não se tem qualquer relação. Ponha o seu poder negocial à prova, mas não esqueça que quem paga tem direito a convidar quem bem entender, dentro da regra do bom senso.

Finalmente, a lista tem limite e não tenha receio de cumpri-lo. Sem hesitar, quando alguém lhe perguntar se vai ser convidado e não constar na lista, seja honesta e diga que não. Acima de tudo, não caia na tentação de convidar de qualquer jeito e à última hora só porque tem pena da pessoa. Não pode ser. Ficará para outra oportunidade.

Se, ao fim de duas semanas, alguns convidados não tiverem respondido ao convite, contate-os e obtenha a resposta. Deixar lugares pagos vazios não só é um desperdício como deixa as mesas incompletas. A pessoa ou pessoas encarregadas de receber as respostas, geralmente os noivos, têm de anotar todos os nomes e no fim fazer a lista definitiva. O uso do *e-mail* para este efeito é muito prático porque tudo fica registrado e torna mais fácil rever as respostas.

Para uma melhor organização, crie uma lista com as seguintes colunas *(database)*:

- Sobrenome, nome (ou vice-versa);
- Endereço para o envio do convite;
- Telefone/celular ou número de contato.
- *E-mail* para envio de *"Save the date"*, indicação do *site* ou outras novidades;
- Data de envio/recepção do convite;
- Resposta – anotar se a resposta é negativa (N) ou positiva (S);
- Restrições alimentares – anotar quais;
- Parentesco – para auxiliar na composição do plano das mesas;
- Idade – para auxiliar na composição do plano das mesas;
- Interesses – para auxiliar na composição do plano das mesas;
- Mesa – anotar o nome ou número da mesa atribuída;
- Presente – descrever o presente oferecido;
- Agradecimento – anotar a data de envio do cartão de agradecimento.

ESCOLHER O MENU E A EMPRESA DE *BUFÊ*

Se o local da festa não fornecer as refeições, verifique junto à empresa fornecedora a contratar se as condições do local preenchem os requisitos necessários e estão dentro das normas de segurança alimentar. Caso contrário, haverá custos acrescidos com o aluguel de cozinha de campanha, sistema de frio e todo o equipamento necessário. Preste atenção a esta opção porque tudo isso tende a somar e de forma bem rápida.

Quer o bufê seja terceirizado ou não, a composição do menu das refeições – coquetel, refeição principal, ceia e mesa de doces – é um assunto relevante e de extrema importância. Todo o "programa das festas" pode ser sensacional e nunca antes visto, mas se a comida e a bebida não forem do agrado geral e o serviço não for profissional, é isso que os convidados irão recordar sempre que falarem do seu casamento. Esta é a realidade, e depois da ocorrência não há como voltar atrás!

Procure empresas profissionais experientes no ramo, se possível, referenciadas por pessoas que tenham utilizado esse serviço.

A experiência dos outros é importante e ajuda na decisão final.

No ato de contratação deste serviço, é preciso ver e escolher o seguinte:

- As louças, talheres e copos;
- As toalhas e guardanapos;
- As mesas (estilo e capacidade) e cadeiras;
- O uniforme dos garçons

Quanto à comida, verifique:

- Os pratos propostos;
- A apresentação da comida nos pratos e nas travessas para a mesa de bufê.

Faça todas as perguntas que lhe parecerem necessárias e combine fazer a prova de alguns dos pratos escolhidos para que não haja surpresas. No fim, confirme e assine o menu escolhido.

No dia da prova, sente-se à mesa posta com os pratos, copos e talheres previamente escolhidos e analise o espaço entre os lugares (cerca de 45 cm), a distância entre o convidado e os talheres, o prato, os copos e o prato do pão e observe o modo como o empregado serve à mesa (se for o caso). Prove, saboreie e faça os seus comentários. Vocêd está pagando por um serviço e merece o melhor.

Siga a mesma orientação gastronômica para as três refeições, porque servir bolinhos de bacalhau seguido de um jantar de lagosta não será o mais indicado. Deve haver harmonia e sequência na oferta. Por exemplo: escolha canapés e aperitivos leves (mais vegetarianos, com frutas da época e queijos); entrada à base de peixe ou marisco (empada de camarão e salada verde; vol-au-vent de bacalhau e salada); prato principal de carne (peito de frango recheado, batatinhas douradas e tomate-cereja com ervas ou rosbife à inglesa, puré de ervilhas e abacaxi grelhado). Adapte à estação do ano – no verão cuidado com comidas facilmente perecíveis (maionese etc.) e respeite o grau de formalidade. Escolha um menu do seu agrado e que satisfaça a maioria dos convidados, de acordo com a capacidade operacional da empresa fornecedora e dentro do orçamento – servir lagosta a 30 pessoas não é o mesmo que a 300 e, frango também é carne!

O *COQUETEL*

O coquetel é uma refeição onde se servem bebidas alcoólicas e não alcoólicas e salgadinhos, quentes e frios, em formato pequeno que se possam comer à mão de uma só dentada ou duas no máximo. A quantidade e a variedade servida varia de acordo com o número de convidados, a formalidade da festa e se o coquetel é ou não seguido de uma refeição. A criatividade da culinária atual – servir em colheres, copinhos ou caixinhas, por exemplo – aliada aos equipamentos mais sofisticados, permite uma excelente apresentação.

A REFEIÇÃO PRINCIPAL

Em casamentos com elevado número de convidados, geralmente celebrados depois das 19.00 horas, a refeição principal é servida e de prato feito e é constituída por entrada, prato principal e sobremesa, que pode ser o bolo de noiva. Um almoço é menos formal e pode ser churrasco ou rodízio de carnes, dependente do ambiente que se pretenda criar. Acompanhe a refeição com vinhos e cerveja e sirva espumante durante o corte do bolo fazendo uma saúde aos noivos. A mesa de queijos, frios e frutas agradam a todos os convidados e, mais ainda, a mesa de docinhos sem nunca esquecer os bem casados!

Se a refeição é servido em bufê a oferta terá de ser mais variada e a quantidade de comida maior. Esta opção pode ser menos confortável para os convidados que têm de fazer fila. Por outro lado há maior interação entre os convidados e sempre dá para bater um papo.

A CEIA

Servida cerca de três horas após o jantar, a ceia é uma refeição reconfortante à base de sopa quente, salgados quentes e frios, em pequenas porções e fáceis de comer. As mesas de sobremesas e queijos continuam ao dispor de todos durante o tempo de duração da festa.

DEPOIS DO JANTAR

Durante a festa e para evitar alguns "desastres" é conveniente servir uma massa ou sopas quentes. Até ao fim do evento as mesas de frios e de docinhos continuam ao dispor de todos e as bebidas continuam sendo servidas.

O BAR

O bar é aberto e, além de vinho tinto e branco, ofereça uísque, cerveja, vodca e caipirinhas ou outra bebida típica da sua região e licores. Refrigerantes, sucos de fruta e água também fazem parte. Como sugestão, e se for do agrado dos noivos, componha uma bebida especial para este dia, por exemplo suco de morango com vodca ou uma batida cremosa.

O SERVIÇO

O *timing* do serviço precisa ser previamente combinado para que o fluir dos acontecimentos crie uma harmonia natural e seja confortável para os convidados. O casamento é uma festa com uma duração de 6 a 8 horas e os convidados têm de se sentir confortáveis e o serviço deve ser perfeito e discreto.

Cerca de 20 minutos após a chegada dos noivos ao local da recepção, o coquetel de boas vindas é servido e oferecem-se bebidas alcoólicas e não alcoólicas (nunca esquecer a água!), salgadinhos e aperitivos quentes e frios, escolhidos de acordo com o tema e o menu da refeição principal. Os garçons circulam por entre os convidados, oferecendo bebidas e comida, e os convidados servem-se de um salgadinho de cada vez. Durante este período as pessoas permanecem de pé e interagem. Devem existir no local mesinhas e/ou aparadores para os convidados poderem deixar os copos e os guardanapos usados. Os garçons vão recolhendo tudo mantendo o local sempre bonito e limpo.

Após 45 a 60 minutos a refeição será servida e os convidados, ajudados pelos padrinhos, identificam as mesas e ocupam os lugares previamente atribuídos. Os noivos aproveitam este espaço de tempo para tirar fotografias a dois e retocar a maquiagem. 20 a 30 minutos depois, ao som de uma música especialmente escolhida para esse momento, os noivos entram na sala, precedidos pelos padrinhos e madrinhas e, depois de se sentarem à mesa, inicia-se a refeição.

Após o prato principal, os noivos levantam-se e dirigem-se à mesa onde está o bolo de casamento e cortam uma fatia. Os convidados brindam este momento com champanhe ou espumante especialmente servido para a ocasião. Em seguida, o bolo é distribuído por todos os convidados. Os noivos usam este momento para ir de mesa em mesa e, mais uma vez, cumprimentar todos os convidados que, de pé, lhes fazem uma saúde e brindam à sua felicidade.

Embora grande parte dos casamentos seja realizada ao fim da tarde pelas 19.00 horas, nada impede que escolha outro horário e/ou outro tipo de celebração, como por exemplo, servir um bolo com champanhe à saída do local da cerimônia, oferecer um brunch às 12 horas ou um coquetel ao fim da manhã.

Trata-se do SEU casamento. Decida da forma que mais gostar e puder.

A ESCOLHA DO VESTIDO DE NOIVA

Depois de anunciar a data do casamento, qual é a pergunta mais frequente? "E o vestido, como é?"

Inicie esta tarefa com um ano de antecedência, tanto quanto possível, mas nunca menos de 6 meses antes do casamento, porque a oferta é interminável e a decisão e as provas demoram tempo. A primeira prova do vestido é o momento em que a noiva realmente sente e interioriza sua condição de noiva. A experiência pode ser interessante e enriquecedora ou gerar uma guerra de nervos (desnecessária), principalmente se houver muitas pessoas envolvidas no processo de decisão.

A festa é sua, o dia é seu e é do seu casamento que se trata! Além disso, não tem de agradar a ninguém, deve-se sentir confortável, bonita e sobretudo segura com o vestido que escolher, isto sim é uma "obrigação"!

Estilos há muitos – clássico, romântico, esportista, princesa, tribal, ultramoderno, minimalista, neo-hippie, gótico, revivalista e outros mais. Sabe qual é o seu? Há também quem goste de usar o vestido de noiva da mãe e adaptar aos dias de hoje. Outra ideia, ainda, é usar saia com top ou vestido curto que possa vestir noutras ocasiões. E alguém falou que não poderia vestir pantalonas?

Tudo isso são questões importantes e que demoram a ser respondidas. Se já sabe o que quer não precisa continuar lendo, mas para as noivas que têm dúvidas...

Começando pelo início:

De fita métrica na mão, meça a largura de ombro a ombro, à volta do peito, a cintura e os quadris e depois identifique a que grupo pertence.

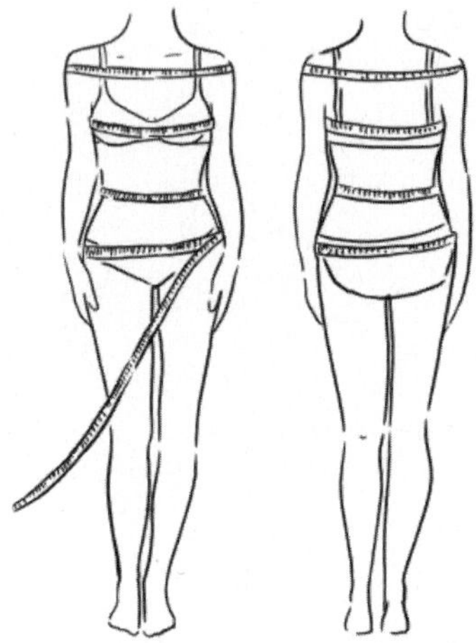

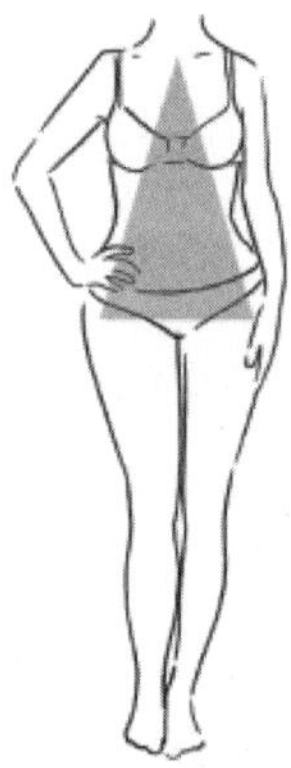

Triângulo –maior volume nos quadris; cintura bem marcada.

Os vestido em **A**, estilo princesa ou império, com silhueta simples, justo no peito e abrindo para baixo é o estilo que mais favorece este tipo físico.

Retângulo – ombros, peito e quadris com mais ou menos a mesma medida; cintura não definida.

O importante é "dar formas" ao corpo, evidenciando os ombros e "criando" uma cintura. Use vestidos estilo império.

Triângulo invertido – os ombros e/ou o peito são maiores do que os quadris.

O mais adequado é o estilo baile com decote em V para alongar o pescoço, com saia rodada, abrindo abaixo do peito e marcando sutilmente a cintura.

Sereia – os ombros e quadris com o mesmo tamanho e a cintura é bem definida.

O vestido de estilo baile favorece e realça esta figura, com a parte superior justa, a cintura marcada e a saia rodada.

Há estilos para todas as formas – a linha A, baile, império, tubo e sereia; decotes em V, canoa, redondos – todos mais ou menos reveladores; tomara que caia; alças finas, grossas ou assimétricas; mangas compridas com e sem punho; vestidos curtos, a três quartos, longos ou até onde a estética o permita. Escolha e decida de cabeça fria e sem precipitações. É o seu casamento, o dia em que a dois vai começar uma nova vida e, por isso, tem de se sentir feliz.

A noiva é o centro das atenções no dia do casamento e tem de corresponder às expectativas, por três razões: primeiro – e sobretudo – às suas próprias expetativas; segundo porque tem de surpreender o noivo, e terceiro, porque deve transmitir uma imagem bonita e confiante. Não há leis nem barreiras que não possam ser quebradas e, sem ofender os convidados, os noivos têm de se sentir muito bem no dia do seu casamento, aquele dia especial, importante e muito *looooongo*.

Durante a cerimônia religiosa cubra os ombros discreta e sutilmente com o véu, uma mantilha ou um bolerinho, se o vestido for um tomara que caia ou de alcinhas finas.

AJEITANDO...

As noivas gordinhas com corpo em triângulo ficam mais "magras" se usarem vestidos em A, abrindo abaixo do peito, sobretudo se o peito for grande. Se os braços forem gordinhos, a melhor opção é usar mangas em renda.

Para as noivas baixinhas e com pescoço e pernas curtas ficam melhor vestidos retilíneos e sem detalhes ou faixas largas. A cauda do vestido (caso exista) também não deve ser muito longa.

As noivas baixinhas e magras com pernas compridas podem usar vestidos estilo sereia.

Para disfarçar o peito é importante evitar modelos com drapeados e bordados nessa região. O decote em V é uma boa opção, porque cria a ilusão de menor volume.

Se tem costas e ombros largos, use um vestido de alças mais largas e decote em V nas costas.

Com pouco peito e quadril largo, prefira vestidos de corpo justo e saia rodada volumosa.

Depois de todas as provas e antes de aceitar o vestido como finalizado, certifique-se de que:

- As bainhas estão bem feitas;
- Os botões estão bem presos;
- Que não há linhas ou alinhavos pendurados;
- Que não tem quaisquer manchas ou nódoas.

OS MODELOS PRINCIPAIS

Linha A ou Princesa

É o estilo de vestido mais usado por ser de corte simples e versátil e o que melhor veste todos os tipos físicos. Fica especialmente bem em pessoas com o corpo em forma de triângulo.

Justo no corpo, vai abrindo em A (menos ou mais) abaixo da cintura, realça a cintura, cria a ilusão de altura por não ter corte nessa zona e a saia *evasé* encobre o quadril e as pernas mais gordinhas. Os tecidos com mais corpo caem melhor e adequam-se bem a este feitio.

Baile

Mais pomposo e formal, é tal como o feitio em A o vestido que melhor se adapta à maioria das mulheres. Com a parte superior justa, a cintura é bem marcada e a saia muito rodada. Este corte tem muitas facetas positivas – ajusta-se bem a quem tem muito peito (triângulo invertido); esconde os quadris mais largos e cria a aparência de quadris para quem não os tem muito marcadas (retângulo), dando a ilusão de um corpo curvilíneo. Nota: este vestido não pode ter cauda.

Sereia

É um vestido justo ao corpo, revelador de todas as curvas e só as noivas com muito boa figura e superconfiantes devem usar este modelo.

Tubo ou Coluna

De feitio elegante e simples, este modelo é justo ao corpo e não favorece os corpos em triângulo. Usado para celebrações menos sofisticadas, os tecidos mais pesados caem melhor e são menos reveladores.

Império

A cintura é marcada abaixo do peito e realça suavemente a verdadeira cintura. A saia abre ligeiramente, de acordo com o corpo de cada uma e fica bem com mangas ou alças largas. É um feitio especialmente simpático para as noivas com pouca cintura e/ou pouco peito (retângulo).

Abra o guarda-roupa e identifique as roupas que lhe ficam bem, anotando os pormenores. Por exemplo, se o decote em V a favorece, então escolha um decote em V; não gosta de manga cavada e quer esconder os braços, opte por um vestido com mangas; se, por outro lado, é jovem e tem pernas bonitas e bem torneadas, é uma pena escondê-las e um vestido curto pode ser uma solução graciosa. Lembre-se de que o estilo do traje dos noivos é igual para ambos e tem de concordar com o grau de formalidade e tema e estar de acordo com o local da recepção. Um casamento na praia onde a noiva usa um vestido comprido de tafetá branco e o noivo veste bermudas e usa gravata não é a combinação perfeita.

Algumas dicas para a escolha do vestido

- O vestido é seu e tem de se sentir bem com ele desde a primeira vez.

- Adequado à estação do ano, no feitio e no tecido usado, para não sofrer de calor no verão ou ficar roxa de frio no inverno.

- A festa é longa e o vestido será usado por muitas horas, por isso é importante que seja confortável. Sinta como o vestido se adapta ao corpo quando se mexe e dança, quando se senta e levanta, quando ergue os braços. Observe o decote (atenção a este detalhe) quando se inclina para cumprimentaras pessoas e faça os ajustes necessários.

- O vestido tem de criar a proporção ideal e ter um corte adequado à sua figura (para realçar o que deve ser realçado).

- A cor do vestido deve ficar bem ao tom da pele e do cabelo.

- O preço tem de estar dentro do orçamento!

Com muita coragem e determinação saia correndo à procura do vestido de sonho. Leia algumas revistas e recorte o que gosta (de contrário nunca mais encontrará essa fotografia...), surfe na internet e imprima alguns modelos para, pouco a pouco, ir "construindo" a imagem final. O vestido de noiva é uma peça de roupa cara, logo nada de pressas.

Estabelecimentos de venda não faltam, sobretudo nas grandes cidades onde as lojas de cadeia, os *outlets* de desconto, as butiques e os estilistas especializados oferecem grande variedade a preços muito diferentes. É aconselhável procurar em lojas da sua área de residência por causa dos arranjos e adaptações sempre necessários. Para facilitar a escolha e não perder muito tempo, reduza a busca a três lojas e, se puder, tire fotografias durante as provas para mais facilmente relembrar os vestidos que provou e ajudar na decisão final.

Mais próximo da decisão final, marque uma ida à loja preferida acompanhada por duas pessoas que entendam de moda e saibam aconselhar, se for do seu agrado. Fale sobre a sua ideia, mostre imagens do que viu e gostou e diga quanto pode gastar para não ter desilusões ou imaginar o impossível. Faça todas as perguntas que achar necessárias (ver "Perguntas para fornecedores" na ***Agenda do meu casamento***) e prove vários modelos até encontrar aquele realmente especial. Ao mesmo tempo, ouça os conselhos de quem é profissional e sabe o que faz.

Logo que encontrar esse vestido e se sentir confortável com ele, feche o negócio e assunto encerrado! Marque as datas para as provas necessárias, acerte o dia da entrega e combine a forma de pagamento. Mesmo que esteja pensando em fazer dieta é mais prudente comprar um vestido com as medidas atuais, porque apertar é fácil, mas *alaaaaaaargar* já não.

Alugar (e quem vai saber?) um vestido de noiva pode ser uma opção interessante e de alguma forma justificada porque só vai usar esse vestido uma vez! Pense que um primeiro aluguel significa um vestido totalmente novo! Por outro lado, o que poupa nesta empreitada pode usar e aplicar nos outros múltiplos detalhes necessários para esta festa. Outra hipótese muito vantajosa é comprar um vestido em segunda mão e ajustar ou alterar a seu gosto.

Se pretende usar um vestido feito por medida, pode contatar um designer de alta costura (carérrimo), um designer iniciando sua carreira mas com boas ideias (não tão caro) ou uma modista com talento e prática em costurar vestidos de alta costura (bem mais barato).

Sabe costurar e está pensando em fazer seu vestido de noiva? Esqueça! Este não é o projeto em que deva se envolver, porque com uma lista de tarefas tão comprida para executar não há tempo nem cabeça para tudo e alguma coisa acaba saindo errado.

As cores mais usadas são pérola, champanhe e branco, e os tecidos mais comuns para casamentos durante o dia são crepe, organza, musselina e tafetá. No campo ou na chácara pode utilizar flores naturais, chapéus e tecidos floridos também e sempre sem cauda. Em casamentos mais formais e ao fim da tarde prefira a seda, tafetá, cetim, shantung, brocado, chiffon, ou alguns sintéticos de grande qualidade e o vestido (quando o estilo o permite) pode ter cauda. Em época fria veludo pode ser a solução. Em qualquer tecido se podem costurar aplicações como lacinhos, pérolas, flores de seda, cristais etc., mas prefira a simplicidade e escolha, no máximo, duas aplicações diferentes ou, melhor ainda, apenas uma.

É aconselhável procurar em lojas da sua área de residência por causa dos ajustes e adaptações sempre necessárias. Tente reduzir a busca a três lojas e, se puder, tire uma foto durante as provas para mais facilmente relembrar os vestidos que provou e ajudar na decisão final.

O VESTIDO E O GRAU DE FORMALIDADE

- Casamento muito formal – vestido longo de seda, com ou sem armação e com cauda;
- Casamento clássico e informal – vestido longo, simples, elegante e em tons neutros;
- Casamento íntimo e civil – vestido curto ou *tailleur*, terninho de saia ou pantalonas, em tons neutros;
- Casamento temático – traje adaptado ao tema;
- Casamento em segundas núpcias – vestido simples ou terno de saia curta ou pantalonas (noiva mais velha) e em cores discretas;

O VESTIDO E O LOCAL DA RECEPÇÃO

- Em local histórico ou hotel de cinco estrelas – vestido chique e elegante de tecidos nobres e algumas aplicações ou laços (opcional);
- No campo – vestido em tecido mais simples e com toque floral;
- Num restaurante – traje simples e elegante que pode ser de duas peças.

PREPARE O KIT-NOIVA PARA AS PROVAS DO VESTIDO

- Sutiã ou corpete adequado ao vestido;
- Colãs (porque ajudam a vestir o vestido);
- Sapatos com salto da mesma altura dos sapatos de noiva;
- Ganchos ou forma de prender o cabelo (caso seja esse o penteado escolhido).

ACESSÓRIOS

• Véu, tiara e joias

O véu e os arranjos de cabeça tem de combinar com o estilo do vestido, o comprimento e o tecido usado. É uma escolha pessoal, porque hoje já não é "obrigatório", mas muitas noivas gostam de continuar usando porque fica romântico e é bonito o momento em que, na igreja, o noivo levanta o véu da noiva. Há véus lindos que passam de geração em geração, tal como os vestidos de batizado dos bebês e, se for esse o caso, aproveite e adapte.

Embora possa parecer que este seria o dia ideal para adornos, as joias têm de ser usadas com parcimônia para não parecer uma árvore de natal (que agora também tem brancas...). Sem "chocar" com o decote, as aplicações e/ou, eventualmente, os drapeados do vestido, o colar de pérolas de uma volta é um clássico que juntamente com brincos simples con-

fere um toque de elegância e juventude. Encare estas escolhas com um objetivo em mente – beleza na simplicidade. As mãos vão despidas de anéis (mesmo o de noivado) para, naturalmente, realçar a aliança.

• Cauda

O vestido com cauda está associado a casamentos de grande formalidade. Todo o evento tem de ser realizado em espaço fechado ou o chão ter alguma proteção, para sujar a cauda e estragar o vestido.

• Luvas

Usar luvas é especial e não fica bem com qualquer formato de vestido. A combinação de muitos elementos - véu, joias e luvas-complica e faz "desaparecer" a figura da noiva.

• Sapatos

Não poupe neste acessório por amor aos seus pés. Pense bem: vai entrar no local da cerimônia ou desfilar e até o alta; ficar de pé durante a maior parte da cerimônia; ficar de pé cumprimentando amigos e familiares; ficar de pé durante o coquetel antes da refeição; passar de mesa em mesa para conversar com os convidados e, depois quando começar a sentir o cansaço, vai ainda ter de dançar! Escolha sapatos confortáveis de salto nem muito alto, nem muito fino e, se tem pé largo, assuma. Não é o dia para colocar aquele sapato lindo de salto stilleto de 9 cm! Se está acostumada a usar sandálias, use, mas talvez sapatos fechados sejam mais confortáveis.

Condizente com o estilo do vestido, ouse usar sapatos prateados, dourados ou de uma cor que combine com os tons da festa! Dá um toque de classe, é formoso e tem a vantagem de poder voltar a usá-los. Sapatos forrados do mesmo tecido do vestido é uma opção caso o trabalho envolvido for financeiramente vantajoso.

- **Meias**

Com ou sem meias? Eis a questão. Mesmo em época quente, as meias (de verão) ajudam a calçar e a melhor suportar os sapatos ou as sandálias.

- **Roupa interior**

O sutiã não pode ser visto, mas deve existir. Sem alças ou sem costas e adaptado ao vestido, o peito deve estar bem apoiado, de forma confortável e sem magoar. O corpete tem a vantagem de acompanhar o dorso e "adelgaçar" a cintura. A calcinha não deve ser percebida e o fio dental pode ser a solução, desde que se sinta confortável e *sexy*.

Durante as provas do vestido, vista sempre esta roupa interior. Movimente-se à vontade, dance, caminhe, sente-se e levante-se e verifique se está confortável. Isto é importante, porque não vai poder fazer ajustes de última hora e é fundamental eliminar todos os pontos de estresse.

- **A cinta-liga azul ou uma coisa velha**

Usam-se para dar sorte.

O NOIVO

O casamento é a união de duas pessoas e a participação do noivo na organização da festa é fundamental, começando pela composição da enorme lista de tarefas a efetuar, com sugestões e ideias. Mesmo que ele diga que não entende nada desses assuntos e que acha que a noiva é perfeita e sabe fazer tudo, não vá nessa conversa. Não deixe o noivo de fora! Da discussão nasce a luz e a opinião dele é importante para a tomada de decisão final.

Divida as tarefas (claro que a maior parte são para a noiva...) de acordo com os dotes, as preferências e as capacidades de cada um e não entre naquela de "não sei, decide você!" Os dois devem participar na preparação deste evento e, sem nervosismos ou estresse, aprender a olhar as dificuldades como desafios e a rir de si próprios. Os convidados nunca vão saber das aventuras e desventuras e muito menos se darão conta de algumas falhas, que vão sempre existir.

Visitar o local a dois, fazer a lista de convidados a dois, escolher os presentes para a lista de casamento a dois, decidir os cardápios das refeições a dois, conseguir informações úteis e dicas que possam ajudar a minimizar custos são alguns exemplos de atividades que podem e devem ser feitas a dois.

O TRAJE PARA A OCASIÃO

A noiva é o centro de todos os olhares, mas sem noivo não tem casamento e também ele vai querer estar bem vestido e aprontado, embora para ele tenha menos variantes e opções. Por ser uma ocasião solene, a gravata é uma peça fundamental em todos os casamentos, sejam eles formais ou informais, variando na textura e nos motivos.

Para casamentos alternativos, o traje do noivo tem de estar de acordo com o tema e a localização escolhida.

Casamento até às 17 horas

• Opção formal

O noivo veste fraque, composto por paletó preto maiscurto na parte da frente e com abas compridas atrás, calça risca de giz e colete cinza, dourado ou preto, camisa branca ou cor de seda (pérola) com colarinho rígido e punho com abotoadura e gravata de seda de cor clara lisa combinando com a cor do colete. Pode optar ainda pelo meio-fraque, um pouco menos formal. Os sapatos são pretos e lisos com sola de couro e as meias pretas.

Nota: O paletó usa-se desabotoado e o último botão do colete também não se aperta.

• **Opção informal**

O casamento é sempre uma ocasião importante e de alguma formalidade. Por isso, e independentemente da hora em que se celebra, vista terno azul marinho ou antracite, camisa branca ou cor de seda (pérola) e punho com abotoadura (mais chique) e gravata de seda de cor discreta, lisa ou com motivos pequenos. Os sapatos são pretos e de couro e as meias da cor das calças, azul marinho ou cinza antracite.

Casamento ao fim da tarde, formal ou informal

Se o casamento é realizado depois das 17 horas já não se usa fraque, mas terno azul marinho ou antracite, tal como no exemplo acima.

Aproveite esta oportunidade para comprar um terno de qualidade e que, ao longo da vida profissional e pessoal, terá oportunidade de vestir de novo.

• Jantar formal de celebração do casamento

Há quem opte por receber os convidados à hora do jantar e oferecer um jantar formal de smoking - paletó preto com lapela acetinada e calça preta com faixa acetinada, igual à gravata borboleta. camisa branca adequada e e punho com abotoadura. O noivo e todos os convidados usam smoking com, gravata borboleta e faixa condizente (preto ou de cor discreta).Os sapatos e as meias são pretos.

Os sapatos são pretos e de couro e as meias da cor das calças, azul marinho ou cinza antracite.

Nota: Enquanto estiver de pé, dançando ou conversando, deixe o botão do paletó sempre apertado, mas uma vez sentado, desaperte os botões. O modelo jaquetão (paletó cruzado) nunca se desaperta. O smoking não se usa antes do pôr do sol nem durante a celebração civil ou religiosa do casamento, mas na festa sim.

AS MADRINHAS E OS PADRINHOS

As madrinhas e os padrinhos são escolhidos de entre aqueles amigos que, de alguma maneira, têm ou tiveram importância na vida dos noivos – amigos de longa data, aquela pessoa que os apresentou ou que acompanhou um dos noivos em um momento especial da vida, por exemplo. Por outro lado, convém que sejam responsáveis porque, no dia do casamento, atuarão como anfitriões e terão de resolver todas as situações de última hora, sutil e discretamente e sem que os noivos se apercebam. Durante o período de organização do casamento acontecem algumas discussões, desabafos, choros, momentos desesperados e confusos e o papel das madrinhas e dos padrinhos é "aguentar" tudo isso amainar todas as situações. Em alguns casos, e por ser uma pessoa muito próxima da noiva, a madrinha pode, eventualmente, participar em reuniões com os fornecedores e ajudar na decisão, além de ser um ombro onde a noiva chore e desabafe a qualquer momento do dia. Principalmente e mais do que tudo, madrinhas e padrinhos são os antiestresse!

Por todas estas razões, pense bem e reflita antes de escolher estas pessoas tão especiais.

Funções dos padrinhos e madrinhas

- Organizar o "chá de panela" ou "chá de lingerie" para a noiva (opcional);

- Participar no dia da noiva ajudando sempre que necessário (madrinhas);

- Oferecer as alianças (os padrinhos);

- Organizar a festa de despedida de ambos os noivos;

- Ajudar os noivos a vestirem-se;

- Chegar ao local da cerimônia (religiosa ou civil) antes dos noivos para os receber, presenciar e testemunhar o ato;

- Acompanhar os convidados durante a recepção;

- Acompanhar os noivos durante a recepção.

- Ser o contato dos diversos fornecedores de serviços (*bufê*, local, fotógrafo, decorador/florista, bar, DJ etc.) durante a recepção;

- Acompanhar e ajudar os noivos na saída;

- Permanecer no local da recepção até ao fim.

PRESENTES PARA OS NOIVOS

Os convidados para um casamento devem oferecer um presente ao novo casal, e assim que receberem o convite procurar saber junto aos anfitriões ou aos noivos em que lojas se encontram as listas de casamento. De preferência, antes do casamento ou durante o primeiro ano de casamento os convidados compram e enviam o presente aos noivos. As pessoas que não possam comparecer não são obrigadas a enviar qualquer presente, mas se o fizerem, os noivos agradecerão com certeza.

As listas de presentes de casamento facilitam a vida dos convidados e dos noivos. Os convidados não precisam pensar muito e sabem desde cedo que o presente será bem recebido (foi escolhido por eles...!) e os noivos recebem os artigos de que necessitam. Por outro lado, o convidado não tem de se sentir obrigado a seguir a lista de presentes e pode dar um presente a seu gosto ou até dinheiro. Há quem prefira oferecer nesta data tão especial uma joia de família ou uma peça com tradição familiar.

Assim que for pedida em casamento e assumir a categoria de noiva, comece a fazer a lista do que necessita para a casa e inclua artigos de preços variados e acessíveis a todos os bolsos. Em seguida, visite várias lojas que aceitem listas de casamento e três meses antes da data marcada identifique, no máximo, três lojas que melhor se ajustem às suas necessidades. Faça todas as perguntas e confirme se a loja entrega os presentes e/ou se cobra alguma taxa e quais as condições de devolução. Convém deixar as listas abertas até um ou dois meses após o casamento para permitir que os convidados atrasados ainda possam comprar um presente. O convidado escreve umas palavras desejando felicidade aos noivos num cartão de visita pessoal, cartão da loja ou outro e junta ao presente. Deste modo, os noivos sabem quem ofereceu e podem, mais tarde, agradecer.

Outra solução muito utilizada nos dias de hoje e principalmente nas grandes cidades é a lista de casamento *online*, disponibilizada pelos grandes armazéns e outras lojas. Através do *site* da loja e conhecendo a senha o convidado acessa a lista de casamento, escolhe o artigo que pretende oferecer e faz uma transferência bancária. À medida que as compras vão sendo feitas, os noivos vão sendo informados e, para facilitar o agradecimento posterior, devem anotar imediatamente na base de dados mencionada no capítulo "Fazer a lista de convidados" quem ofereceu o quê. Por se tratar de uma lista virtual, no momento de recolher os presentes, os noivos podem optar por ficar com o artigo comprado e oferecido ou trocar por outro, sempre dentro do limite do dinheiro existente na conta.

Os presentes de casamento destinam-se a ajudar a compor a casa dos noivos e são de várias categorias, como por exemplo eletrodomésticos, artigos para a mesa (aparelho de jantar, faqueiro, serviço de copos, aparelho de café, travessas, toalhas de mesa, guardanapos, bandejas), artigos para a cozinha (panelas, facas etc. – ver Chá de Panela), artigos para a sala (móveis, abajurs, jarras, objetos de decoração) e para o quarto e banheiro (móveis, lençóis de cama, colchas).

Hoje tem muitos jovens vivendo juntos antes do casamento, logo a lista de presentes tradicional pode não fazer sentido. Pedir dinheiro pode não ser bem aceito por alguns convidados e a solução é identificar o fim a que se destina esse dinheiro, por exemplo reformas na casa, compra de carro novo ou usado ou viagem de lua de mel. Informe através do site ou de qualquer outro modo e convide a participarem nesse projeto. Se forem reformas, descreva-as e ilustre com fotografias do local atualmente; se for um carro, identifique-o também com fotografias, e se for para a lua de mel, explique o destino e o trajeto. Por razões de segurança informe privadamente o número de sua conta bancária para a transferência, e peça ao depositante que envie o comprovativo ou faça saber para que mais tarde possam agradecer. O convidado pode preferir entregar cheque ou dinheiro, mas sempre dentro de um envelope fechado, juntando como identificação um cartão de visita.

Em situações de maior dificuldade financeira, os convidados podem contribuir em dinheiro e "pagar" a sua refeição no casamento. Nestes casos, é compreensível que não ofereçam presentes de grande valor aos noivos.

Também em casamentos de segundas núpcias os noivos podem preferir beneficiar obras ou instituições de caridade; neste caso, devem informar os convidados sobre a instituição escolhida e indicar o modo como fazer a transferência. Se o convidado preferir oferecer um presente também poderá faze-lo.

Entre si os noivos trocam presentes, algumas vezes com inscrições gravadas, assim como ambos os sogros oferecem aos noivos presentes especiais e de significado especial para o casal.

OS PRESENTES PARA OS CONVIDADOS

Se é adepta em dar presentes a todos os convidados, procure uma ideia original que relembre as personalidades de vocês e seja útil. Se assim não for, estes presentes são rapidamente esquecidos ou colocados no lixo, o que significa, literalmente, dinheiro jogado fora. Se não pode gastar mais dinheiro, é preferível não dar nada e, mais tarde, enviar uma fotografia bonita do casamento a todos.

Leques (no verão), echarpes (para as noites mais frescas) ou havaianas para as amigas; isqueiros com as iniciais dos noivos, charutos ou cigarrilhas são objetos que, no momento, podem proporcionar conforto aos convidados. Garrafas do vinho servido no casamento com um rótulo personalizado, CD com as músicas tocadas ou sabonetes alusivos ao tema do casamento, frascos de mel da região, pacotes com docinhos, biscoitos em sacos com rótulo especial são alguns artigos úteis que, mais tarde, farão lembrar os momentos passados nesse casamento.

A DECORAÇÃO

Tal como para o vestido de noiva, aqui também a simplicidade é rainha. Demasiados componentes anulam-se e, por fim, nada sobressai. As flores ou plantas em vaso e as velas são elementos de decoração por excelência e que permitem fazer combinações extraordinárias por suas cores, formas e tamanhos. Juntamente com outros efeitos de luz, os resultados são de grande esplendor.

Se o local estiver integrado na natureza, parte do trabalho de decoração está facilitado. Complemente com elementos simples e deixe a natureza "falar".

O uso de frutos, legumes e/ou vegetais como decoração também é uma ideia, mas não necessariamente mais barato. Fale com a florista ou o decorador do evento e experimente as diversas opções até chegar à solução que mais lhe convém e agrada.

Cuidado com algumas ideias

Uma mesa transparente com luz vinda debaixo tem um efeito muito bonito na fotografia, mas será que funciona? Experimente.

À medida que a noite vai se instalando, repare que a luz vinda de baixo ofusca os convidados e, por isso, começam a ver tudo negro, não distinguindo a comida no prato, nem a fisionomia dos outros convidados à mesa, e os olhos demoram um certo tempo para adaptar-se à luz. Lindo, mas...

Os centros de mesa ao alto constituem sempre um obstáculo à visão e cortam o desenrolar natural da conversa, por mais transparente que o vaso seja. O ideal é que sejam baixos ou pendurados no teto.

A ESCOLHA DAS CORES

Todos os elementos de decoração têm de combinar e casar entre si – as cores do local no interior (tapete, paredes etc.) com o exterior (campo, cidade, mar, floresta), a estação do ano, a louça, os copos, a toalha e os guardanapos.

A natureza é quem melhor combina cores. Pense na sua cor favorita procure na natureza com que outras cores essa cor convive e adapte ao local e à época do ano. Usar azul marinho como cor base para um casamento de outono, numa chácara cheia de plátanos talvez não seja a melhor combinação, mas se escolher azul-turquesa ficará muito melhor.

Os detalhes fazem a diferença, propiciam o fluir de energia e contribuem para o sucesso da festa!

BELEZA A DOIS

Cabeleireiro e maquiagem

Para completar o "casamento" do vestido com o seu corpo falta o penteado e a maquiagem! O grande segredo destes complementos, para além da beleza, é a durabilidade. O dia é longo e no fim da festa a noiva deve apresentar-se tão bonita quanto no início.

Comece cerca de dois meses antes para ir se habituando à nova imagem e use sempre artigos de qualidade para evitar alergias. Recorrer à sua cabeleireira de sempre, por mais simples que o salão seja, pode ser uma boa ideia porque ela conhece bem o seu cabelo, sabe como ele se comporta e consegue domar os jeitos e as manias.

Faça um corte adequado à sua altura e formato do rosto, ao vestido e à época do ano. Marque mais duas a três idas ao cabeleireiro para experimentar outros penteados (se desejar), sempre combinados com provas de maquiagem. Como a maior parte dos casamentos se realiza ao sábado é aconselhável reservar, o quanto antes, a hora para o grande dia e evitar pressas de último momento.

Sempre que for ao cabeleireiro, vista um *top* da cor do vestido e leve consigo uma fotografia tirada durante uma das provas para que a cabeleireira possa fazer um penteado condizente. Veja como se sente, tire fotografias e peça algumas opiniões. Se gosta de guardar estes momentos para sempre, combine previamente com o fotógrafo e inclua estas sessões no pacote final. Por fim, escolha o penteado que mais lhe falar ao coração.

Tem uma amiga com jeito especial para cortar o cabelo? Aproveite para poupar nesta empreitada, mas sem arriscar muito, porque as fotografias não mentem.

Durante a despedida de solteira, use o penteado e a maquiagem já escolhidos e observe como tudo se comporta. Depois faça os ajustes necessários para que tanto o penteado como a maquiagem, não percam a vitalidade e resistam durante toda a festa.

Também o noivo tem direito a sentir-se bem e, cerca de um mês a duas semanas antes, deve cortar o cabelo e aproveitar para dar um jeito nas sobrancelhas e fazer outros tratamentos de beleza. No dia do casamento, depois de fazer ou aparar a barba, há quem goste de usar um pouco de maquiagem que, afinal, dá um toque de beleza e ajuda a ficar bem na fotografia.

Massagens e tratamentos de pele

Cerca de um mês antes é recomendável começar a descomprimir e a perder os medos de entrar na igreja e/ou enfrentar os convidados. Programe algumas sessões de massagem relaxante e faça a última massagem 5 a 3 dias antes do grande dia, depois da depilação, pedicure e manicure.

Aconselhada por uma esteticista, programe os tratamentos de pele necessários e com a devida antecedência.

MATERIAL IMPRESSO

O CONVITE

O convite é a primeira impressão e o primeiro contato entre noivos e convidados. Deve seguir o mesmo espírito e o mesmo tema e ter o mesmo grau de formalidade, seguindo as cores adotadas para o evento. Basicamente há dois modos de fazer: comprar os cartões já feitos (pela internet ou em papelarias) e imprimir os dizeres ou criar o cartão com dizeres e imagens (facultativo) e imprimir numa gráfica ou no computador de casa. Contrate uma caligrafista com letra bonita e a seu gosto para escrever o nome e endereço do convidado no envelope.

Usando os serviço de empresas especializadas, entregue os convites em mão cerca de três meses antes. Por uma questão de respeito, entregue pessoalmente os convites a familiares de mais idade e/ou a pessoas de maior cerimônia.

Independentemente da disposição do texto, da cor do papel utilizado e do formato do convite (e hoje em dia a imaginação é muito fértil...) tem dados que não poderão faltar:

- Nome e sobrenome de quem convida (anfitriões);

- Nome próprio dos noivos;

- Dia, hora e nome do local da celebração e/ou do local da recepção;

- Indicação do traje (opcional, exceto em casamentos de grande formalidade);

- Número(s) de telefone e celular para recepção de respostas;

- *E-mail* para recepção de respostas (opcional);

- Endereço dos anfitriões;

- Mapa – em anexo e quando aplicável.

Pode-se dizer
... têm o prazer de convidar
... têm muito gosto em convidar
... convidam

COMO REDIGIR OS CONVITES

Convite formal para casamento católico
(Os pais da noiva são os anfitriões)

O texto dos convites deve ser:

(Nome próprio e sobrenome da mãe da noiva) e (nome próprio e sobrenome do pai da noiva) têm o prazer de convidar V. Ex.^{as} para o casamento de sua filha (nome próprio da noiva) com o Exmo Senhor (nome próprio e sobrenome do noivo), que se realiza no dia (data), às (horas), na (nome da igreja), em (local – aldeia, vila ou cidade).

> Maria Cristina Pinto Neves Monteiro e Augusto José Coelho Monteiro têm o prazer de convidar V. Ex.^{as} para o casamento de sua filha Francisca com o Exmo Senhor João Costa Pimenta, que se realiza no dia 26 de agosto, às 15.00 horas, na Igreja de São Gaspar, em Trindade, Góias.
>
> R.S.F.F.
> Tel: 000 000 0000
> Cel: 000 000 0000
> Endereço franciscajoao@gmail.com

Convite formal para casamento sem cerimônia religiosa
(Os pais da noiva são os anfitriões)

> Maria Cristina Pinto Neves Monteiro e Augusto José Coelho Monteiro têm o prazer de convidar V. Ex.^{as} para o casamento de sua filha Francisca com o Exmo Senhor João Costa Pimenta, que se realiza no dia 26 de agosto, às 15.00 horas, na Chácara Santa Luzia, em Trindade.
>
> R.S.F.F.
> Tel: 000 000 0000
> Cel: 000 000 0000
> Endereço franciscajoao@gmail.com

Convite repartido para casamento católico
(Os pais da noiva e os pais do noivo são os anfitriões)

> Maria Cristina Pinto Neves Monteiro e Augusto José Coelho Monteiro com Teresa Silva Costa e Pedro Barcelos Pimenta Costa têm o prazer de convidar V.Ex.^{as} para o casamento de seus filhos Francisca e João, que se realiza no dia 26 de agosto, às 15.00 horas, na Igreja de São Gaspar, em Trindade.
>
> R.S.F.F.
> Tel: 000 000 0000
> Cel: 000 000 0000
> Endereço franciscajoao@gmail.com

Convite repartido para casamento sem cerimônia religiosa
(Os pais da noiva e os pais do noivo são os anfitriões)

> Maria Cristina Pinto Neves Monteiro e Augusto José Coelho Monteiro com Teresa Silva Costa e Pedro Barcelos Pimenta Costa têm muito gosto em convidar V. Ex.as para o casamento de seus filhos Francisca e João, que se realiza no dia 26 de agosto, às 15.00 horas, na Casa dos Lírios, em Ribeirão Preto.
>
> R.S.F.F.
> Tel: 000 000 0000
> Cel: 000 000 0000
> Endereço franciscajoao@gmail.com

Convite de pais divorciados para casamento católico
(A mãe da noiva e os pais do noivo convidam)

> Maria Cristina Pinto Neves Monteiro com Teresa Silva Costa e Pedro Barcelos Pimenta Costa convidam para o casamento de seus filhos Francisca e João, que se realiza no dia 26 de agosto, às 15.00 horas, na Capela de São Judas, em São José dos Campos.
>
> R.S.F.F.
> Tel: 000 000 0000
> Cel: 000 000 0000
> Endereço franciscajoao@gmail.com

Convite dos noivos para casamento católico

(Nome próprio da noiva) e (nome próprio do noivo) convidam para o seu casamento, que se realiza no dia (data), às (horas), na (nome da igreja), em (local – aldeia, vila ou cidade).

Francisca e João
convidam para seu casamento,
que se realiza no
dia 26 de agosto, às 15.00 horas,
na Igreja de São Gaspar, em Tiradentes.

R.S.F.F.
Tel: 000 000 0000
Cel: 000 000 0000
Endereço franciscajoao@gmail.com

Convite informal dos noivos para casamento sem cerimônia religiosa

(Nome próprio da noiva) e (nome próprio do noivo) casam-se no dia (data), às (horas), e convidam para a festa no(a) (nome do local), (nome da aldeia, vila ou cidade).

Francisca e João convidam
para a festa de seu casamento
no dia 26 de agosto
às 19.00 horas,
na Casa das Rosas, no Rio de Janeiro.

R.S.F.F.
Tel: 000 000 0000
Cel: 000 000 0000
Endereço franciscajoao@gmail.com

COMO ENDEREÇAR OS CONVITES

Para casais "de papel assinado" ou em união civil o convite é sempre dirigido ao marido ou ao companheiro, mesmo quando a pessoa conhecida dos noivos seja a mulher ou a companheira, respectivamente.

Exmo Senhor
(Dr.) Alfredo Martins e mulher
Endereço
Ou
Alfredo Martins e mulher
Endereço

Convite para o casal e filhos
Exmo Senhor
(Dr.) Antônio Silva e Família
Endereço

Para convites a um casal de namorados envia-se a cada um dos elementos do casal um cartão em seu nome (se não sabe o nome do namorado ou namorada pergunte), mesmo que o endereço seja comum.

Exma Senhora
D. Catarina dos Santos
Endereço

Exmo Senhor
Pedro Lima
Endereço

CANCELAMENTO OU ADIAMENTO DO CASAMENTO

No caso de cancelamento do casamento os convidados devem ser informados por escrito, segundo o mesmo procedimento dos convites, isto é, quem convida agora informa o cancelamento. Neste caso, devolvem-se todos os presentes de casamento.

> Maria Cristina Pinto Neves Monteiro
> e Augusto José Coelho Monteiro
> com Teresa Silva Costa e
> Pedro Barcelos Pimenta Costa
> informam que o casamento de seus filhos
> Francisca e João foi cancelado.

> Maria Cristina Pinto Neves Monteiro com Teresa Silva Costa e Pedro Barcelos Pimenta Costa informam que o casamento de seus filhos Francisca e João foi adiado para o dia 18 de março, às 18.00 horas, na Quinta das Oliveiras, em Porto Alegre.
>
> R.S.F.F.
> Tel: 000 000 0000
> Cel: 000 000 0000
> Endereço franciscajoao@gmail.com

Dada a alteração da data, os convidados têm de responder e confirmar a sua presença outra vez.

LIVRO DE IGREJA

Este livro é distribuído por todos os presentes na celebração religiosa do casamento e permite que o convidado acompanhe, passo a passo, todo o ritual. Deixado ao critério de cada um, normalmente menciona-se na capa o nome próprio dos noivos e, na primeira página, escreve-se a data e o nome da igreja. No interior, para além das leituras próprias da missa, transcrevem-se as palavras ditas entre os noivos e o padre celebrante, e a Oração dos Fiéis. Como complemento, reproduzem-se as letras dos cânticos e/ou qualquer outro texto especialmente escrito para o dia.

LIVRO DE HONRA

Neste livro de páginas brancas e capa personalizada, seguindo as cores e tema do casamento, os convidados escrevem palavras de felicitação especiais para os noivos. É uma boa recordação deste dia tão importante.

CARTÕES DE AGRADECIMENTO

Agradecer os presentes e todas as ajudas que recebeu durante a preparação do casamento é uma obrigação que vem sendo esquecida, mas que não deve deixar de ser feita. É bonito, bem-educado e um dever. Após o casamento e até 6 meses depois (mas quanto mais cedo melhor para evitar situações constrangedoras, como, por exemplo, dar de frente com a tia Maria Helena no shopping e ainda não ter agradecido aquela caixa de laca...), os noivos enviam um cartão a todos os convidados.

Se tem jeito para trabalhos manuais, faça os cartões personalizados ou, no momento de imprimir os convites, inclua estes cartões no mesmo pacote.

No texto manuscrito de agradecimento, mencione o nome da pessoa a quem está agradecendo e mencione o presente ou a contribuição recebida.

"Querido Tio João
Muito obrigado pela linda jarra de flores que nos ofereceu e que tão bem fica na nossa sala."

"Queridos Miguel e Rita
Adoramos a bonita travessa de estanho que tanto capricho nos tem dado. Um grande obrigado."

EMENTAS

Embora não sendo "obrigatório", é uma recordação para todos de um dia tão especial.

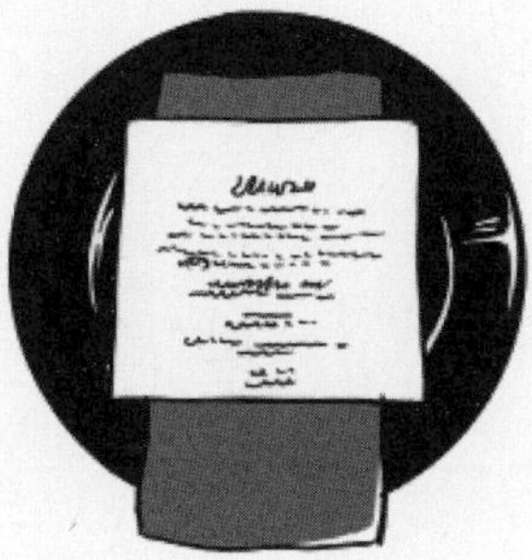

CARTÕES COM A PLANTA DAS MESAS

Usados em situações muito formais ou com grande número de convidados, imprimem-se cartões com a planta da sala de jantar e as mesas numeradas para depois serem entregues a cada convidado, assinalada a mesa que lhe foi destinada.

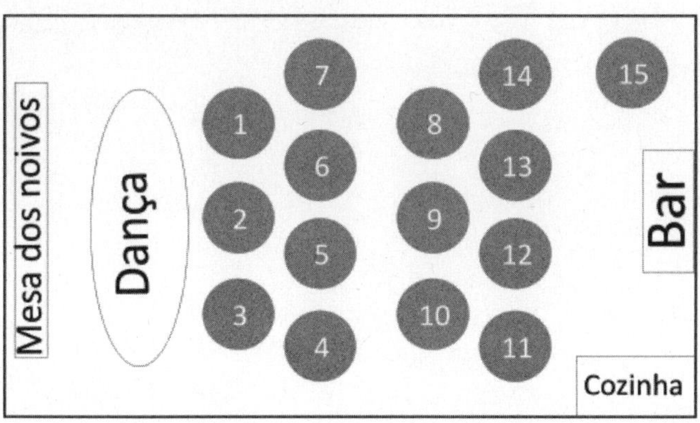

OUTROS ARTIGOS

Guardanapos ou livros com o nome dos convidados e o nome das mesas (ver capítulo "Sentar os convidados") são exemplos de alguns artigos que podem ser personalizados e impressos para este efeito.

OUTROS ASSUNTOS

SAVE THE DATE

Esta é uma forma moderna, engraçada e simpática de avisar a data do seu casamento. Navegue na internet e procure em *sites* da especialidade ou crie um cartão dentro do estilo da recepção e da festa do casamento, onde, de forma informal, anuncia-se a data do casamento e dá a conhecer o local da cerimônia (opcional). Tal como diz o título – "Reserve este dia" – funciona como um convite prévio e é particularmente útil para as pessoas que vivem longe ou têm vidas muito ocupadas.

Antes de enviar, precisa-se saber:
A data do casamento;
O local da cerimônia e da recepção (opcional);
A lista dos convidados com endereços e/ou *e-mail*.

CRIAÇÃO DE *SITE* OU *BLOG*

É uma opção usada por alguns noivos mais conhecedores das técnicas informáticas porque tem de ser constantemente atualizado e fornecer sempre as últimas informações. Antes de se lançar nesta epopeia, verifique se vai ter disponibilidade de tempo para introduzir todas as informações necessárias ou se a maior parte dos convidados tem acesso à internet, caso contrário não vale a pena prosseguir com esta iniciativa e ainda poupa uns trocados. A opção sem custos e fácil de comunicar é o *blog*, além de os convidados ou pessoas com acesso poderem fazer comentários.

A vantagem destes serviços é permitir dar conhecimento, de forma dinâmica, a evolução da organização do evento através de fotografias e relatos a propósito de algumas escolhas, contar episódios engraçados, dar todas as indicações acerca da lista de presentes ou obras de reforma da casa de vocês e detalhes da viagem de lua de mel.

ALIANÇAS

Escolhidas pelos noivos, ao gosto e estilo de vida de cada casal, são geralmente oferecidas pelos padrinhos e devem ser compradas com cerca de dois meses de antecedência para também dar tempo à execução da gravação dos nomes e data do casamento. No ato da compra, dê uma folguinha no tamanho, porque há dias em que as mãos estão mais inchadas e, com o avançar da idade, a tendência é mesmo essa. Outra solução (apenas para quem gosta) é usar alianças de família, ajustadas e adaptadas numa ourivesaria de confiança.

Símbolo de união, as alianças são a confirmação do casamento e do compromisso assumido para a vida. Durante a cerimônia religiosa ou civil, noivo e noiva entregam-se mutuamente as alianças, ao mesmo tempo que proferem palavras de compromisso. Este é um momento de grande significado que comove sempre muitos familiares e amigos e que o fotógrafo deve registrar.

PAJENS, MENINOS DO CORO OU MENINAS DAS ALIANÇAS

A presença de crianças no cortejo do casamento transmite alegria e anima a cerimônia. Estas crianças têm geralmente uma ligação afetiva aos noivos e, por isso, são convidadas para este papel. Vestidas apropriadamente, as roupas dos meninos e meninas devem acompanhar o estilo e formalidade do casamento, e se gostar e não for complicado para as meninas, também elas podem levar um buquê miniatura do ramo da noiva. Dentre elas, escolhe-se quem leva as alianças e, no momento oportuno, durante a cerimônia do casamento, são entregues aos noivos.

O BOLO DE CASAMENTO

Podendo ser servido como sobremesa, não deixe que esta tradição desapareça ou se derreta em sorvete! A cerimônia do corte do bolo de casamento tem um significado importante, designa a partilha da vida e representa a entrega.

Mais convencional ou mais original e dentro do estilo do evento e da vida dos noivos, escolha a forma e decoração para o bolo de casamento e coloque-o bem à vista dos convidados na sala onde for servida a refeição ou tiver lugar a recepção. No momento de cortar o bolo, os noivos aproximam-se da mesa onde ele está ao som de música, palmas ou outro elemento de ênfase. O noivo coloca a mão direita por cima da mão direita da noiva que segura a faca e cortam a primeira fatia juntos. Depois oferecem um pedaço um ao outro, como símbolo da dádiva da vida a dois.

O tamanho do bolo de casamento (exposto) é simbólico e não tem de ser suficiente para servir todos os convidados, sobretudo se forem muitos. Mande fazer outro(s) bolo(s) da mesma massa e recheio, mas sem a decoração, e que os empregados servirão a todos.

FOTÓGRAFO

Não poupe nesta área! As fotografias são o que real e verdadeiramente fica para a posteridade e traduzem o ambiente vivido, captam os momentos especiais, relembram os convidados presentes e fazem reviver a beleza que ambos espelhavam no dia do casamento.

Inicie pela procura de um fotógrafo bom e profissional com antecedência, porque, como em tudo, os bons são os primeiros a serem requisitados. Até pode ser que o primo ou o tio tenham jeito para fotografia e as máquinas descartáveis espalhadas pelas mesas captem momentos engraçados, mas um fotógrafo profissional tem muito mais do que jeito – sabe sobre luz, postura, gestão de grupos etc. Agradeça a intenção, mas opte por um profissional.

Contate vários, veja alguns dos seus trabalhos e entenda como se identifica com a sua técnica. Convém que seja especializado em casamentos e festas com muitas pessoas e não tem necessariamente de pertencer a um estúdio muito grande. É importante que haja empatia entre os noivos e o fotógrafo porque ele (ou ela) vai passar boa parte do grande dia muito "em cima do acontecimento".

A era digital (sem o custo da revelação) permite que se tirem milhares de fotografias, o que facilita a seleção final. Indague sobre os vários pacotes oferecidos – uns cobram pela hora e um número X de fotografias, outros cobram por fotografia e outros preferem vender o pacote todo, com ou sem álbum. Faça todas as perguntas, porque depois do fato consumado é sempre mais complicado alterar.

De acordo com o estilo do fotógrafo e as suas ideias, cheguem a um acordo e identifiquem os momentos importantes e alguns dos grupos imprescindíveis. Nas idas ao local da recepção procure descobrir a melhor vista ou espaço e no dia da festa use-a como fundo de algumas fotografias, embora um bom profissional apreenda depressa o melhor local.

O vídeo não tem a mesma força da fotografia e, se pensar quantas vezes reviu os vídeos de viagens ou festas, talvez não valha a pena.

Os momentos obrigatórios

- Preparação da noiva e do noivo;
- Entrada da noiva na igreja ou local da cerimônia;
- Entrega da noiva ao noivo;
- Leituras especiais;
- Colocação das alianças;
- Beijo de celebração;
- Assinaturas;
- Saída dos noivos do local da celebração;
- Corte do bolo;
- A primeira dança.

Os noivos com:
- Os pais da noiva;
- Os pais do noivo;

- Os padrinhos e madrinhas;
- Os parentes próximos.

A noiva com:
- Os pais (e irmãos);
- As madrinhas;
- As amigas.

O noivo com:
- Os pais (e irmãos);
- Os padrinhos;
- Os amigos.

O BUQUÊ

O buquê é mais um elemento que tem de "casar" com o vestido, seguir o grau de formalidade do casamento, respeitar as cores escolhidas, ser adaptado à estatura da noiva e à época do ano. Um buquê muito grande desvia o olhar da personagem principal (a noiva), ofusca o vestido e, se a noiva for de estatura baixa, não é o ideal. A homogeneidade da festa também passa pelo buquê, isto é, as flores escolhidas têm de combinar com as flores usadas para o local da recepção.

Há diferentes formas de fazer este ramo especial e as floristas experientes são uma grande ajuda. No momento da escolha, mostre uma fotografia do vestido e explique a decoração do local, assim como as cores escolhidas.

MÚSICA

A boa música faz a festa e a música sem qualidade apaga e esmorece o ambiente e o clima de festa.

A grande dúvida está em saber qual a melhor opção – banda ou DJ. A banda é animação ao vivo e por isso têm de fazer intervalos de quando em quando. Fazer renascer o ambiente de festa nem sempre é óbvio e exige grande maestria; o DJ tem a música pré-gravada e pode, rapidamente e em caso de necessidade, mudar de ritmo e adaptar ao *mood;* além disso, durante os momentos de descanso, a música continua tocando. Uma possibilidade mais econômica é fazer suas gravações em diferentes compilações.

Os vários momentos musicais

- Durante a celebração civil do casamento – O acompanhamento musical nos momentos mais relevantes é sempre bonito e, por ser civil, não está sujeito a regras (dentro da razoabilidade, claro).

- Durante a celebração religiosa – A escolha deve ser feita de acordo com a pessoa ou o grupo que vai cantar e/ou tocar e o padre celebrante, porque há uns mais conservadores do que outras. O fator tempo também é importante, sobretudo quando se celebram outros casamentos em seguida.

- Durante a recepção – Poucas pessoas se dão conta e respeitam a existência de músicos durante este momento, mas, se gostar, opte por música de fundo gravada em volume baixo de modo que os convidados possam conversar.

- Durante o jantar – É bonito e agradável, mas tem de ser música de fundo suave. O momento da entrada dos noivos pode ser anunciado com uma música especialmente escolhida.

- A primeira dança – Embora a valsa seja a dança que tradicionalmente abre este baile, a primeira dança é só para os noivos e eles têm o direito de escolher "aquela" música especial. É preferível dançar bem ao som dessa canção do que mal ao som da valsa. Se mesmo assim desejarem que a valsa seja tocada, o melhor momento é quando os demais convidados se juntam e celebram o momento dançando.

- A festa – A seleção das músicas precisa ser do agrado dos noivos e apropriada à formalidade do evento, à idade das pessoas que dançam e dos outros convidados. Se a maior parte dos convidados forem pessoas mais velhas, é conveniente escolher músicas mais conhecidas dos anos 80 e 90 e não apenas os últimos *hits* de bandas mais modernas e barulhentas.

TRANSPORTE

Se é fã de carros antigos ou adoraria andar de Rolls-Royce ou de limusine, este pode ser o momento. Consulte as empresas da região e veja a oferta. Há quem goste de decorar o carro com flores ou laços e distribuir tule pelos convidados que o enrolam na antena do respectivo carro, mas é apenas uma questão de gosto. Nada a obriga a isso. Mas, se prefere a simplicidade e o seu orçamento não comporta esta despesa, não se preocupe.

Entre os convidados mais próximos, há sempre quem goste de participar e conduzir os noivos ou, simplesmente, depois da cerimônia, conduzir o próprio carro até o local da recepção. É engraçado e não ofende. Recentemente, a marca de um carro de dois lugares criou uma publicidade assim.

FESTA DE DESPEDIDA DE SOLTEIRO(A)

Organizar esta festa faz parte das obrigações dos padrinhos e madrinhas.

Atualmente as despedidas de solteiro são verdadeiras epopeias e o jantar só de meninas ou só de meninos já nada representa. Desde viagens a locais importantes para o noivo/noiva, dentro ou fora do Brasil, com programa de atividades para alguns dias, ou o dia passado num spa com a noiva (meninas só!) ou o passeio de caravana até o Pantanal, tudo é pretexto para os amigos dos noivos se reunirem, em conjunto ou separadamente, e passar bons momentos. Considere todos os custos não deixando que a imaginação e a vontade comandem as operações. Todas as despesas devem ser previamente programadas e, se possível, incluídas no pacote final para que não haja surpresas de última hora e se crie um ambiente desagradável. Informe os amigos e amigas convocados para esta celebração sobre o programa e o custo final, e cada um tomará a decisão de participar ou não, de acordo com a disponibilidade de tempo e dinheiro.

CHÁ DE PANELA

Muito comum no Brasil é um costume engraçado e de grande utilidade. Em um lanche simples, geralmente na casa da mãe da noiva, reunem-se todas as amigas da noiva e outras senhoras convidadas para o casamento e oferecem artigos para a cozinha que, por serem peças simples, não constam na lista de presentes de casamento, mas são essenciais em qualquer casa. Elabora-se a lista de artigos e envia-se à primeira pessoa da lista que assinala o que pretende dar e depois passa a lista à pessoa seguinte que repete a operação e assim, sucessivamente, se vai completando o enxoval.

Algumas ideias

Balança;
Batedores de claras, saca-rolhas, ralador;
Caixas de plástico;
Canecas;
Cesto para pão;
Colheres de pau, pinça de cozinha, escumadeiras e afins;
Compoteiras;
Conjunto de copos e colheres medidores;
Conjunto de facas e afiador;
Conjunto de pá e vassoura;
Escada de alumínio;
Escorredor de arroz/legumes;
Escorredor de louça;
Espremedor de frutas;
Faca elétrica;
Ferro de passar;
Grill;
Formas para bolos e pudins;
Formas quadradas e redondas para gratinados;

Fruteira;
Galheteiro;
Garrafa Térmica;
Jogo de facas p/ cozinha ;
Jogo de panelas;
Lata de lixo;
Liquidificador;
Manteigueira e cesto de pão;
Panela de pressão;
Panos de cozinha, pegadores e aventais;
Quebra-nozes, descascador, cortador de pizza, etc.;
Rolo de massa;
Tábua de passar roupa;
Tábuas de cortar legumes, frutas e carnes;
Talheres para salada;
Tesoura de cozinha.

REDUZIR O ESTRESSE

Claro que ele existe e a melhor maneira de lidar com ele é assumi-lo. Sem medo. Sabe-se que os medos se "alojam" na cavidade abdominal e sente-se quando a barriga fica mais inchada, dura e com os tais embrulhos no estômago... Um bom exercício (para todos) é parar de vez em quando. Simplesmente parar. Se está em casa, procure uma cadeira, sente-se de pés bem fixos no chão, costas direitas, as mãos soltas sobre as pernas com as palmas voltadas para cima e feche os olhos por dois minutos. Observe o que sente, sinta descarregar a energia negativa e veja como ficou muito mais calma e com a cabeça mais tranquila.

Quando tem de enfrentar situações mais tensas, respire pela barriga com algum vigor, tal como as mães quando o bebê está para nascer, e tudo acalma e os medos dissolvem-se.

Fazer estes pequenos grandes exercícios ajudam a controlar e a tranquilizar a cabeça, a verdadeira dona de todos os pensamentos.

No dia do casamento e antes de começar a desfilar (ainda dentro do carro) respire pela barriga e jogue "fora" o nervosismo. Na entrada da igreja ou no local da celebração, endireite as costas e ande de cabeça erguida olhando em frente com segurança.

O CONFLITO DE GERAÇÕES

A preparação de um casamento gera (embora não seja obrigatório) algumas discussões, sobretudo entre mãe e filha, porque ambas querem fazer à sua maneira. O fato é que os tempos mudaram e alguns costumes desapareceram e deram lugar a outros. A comunicação é fundamental e há sempre pontos positivos dos dois lados. A experiência de vida dos mais velhos compreende conhecimentos que os mais jovens ainda não adquiriram e há situações melindrosas ou despesas desnecessárias que podem ser evitadas se seguir alguns conselhos. Em nome das boas relações familiares e com cedências de parte a parte, é preciso prevalecer a moderação e o bom senso.

DICAS PARA POUPAR

O local da recepção

- Casas bonitas com jardins não precisam de muita decoração;
- Utilize as toalhas e os guardanapos da empresa de bufê e escolha uma cor que combine com os outros elementos;
- Fazer a festa em casa ou em local sem infraestruturas pode sair mais caro – faça as contas;
- Celebrar a cerimônia religiosa ou civil no local da recepção é elegante, mais cômodo e evita o transporte.

Flores e decoração

- Centros de mesa baixos produzem um efeito bonito e são mais econômicos. Recipientes grandes de vidro transparente com velas flutuantes e ramagens também é uma opção;
- Use flores da época com volume e que preencham bem o espaço, como rosas mais abertas, algumas espécies de orquídeas, dálias ou hortênsias;
- As flores em vaso são mais baratas e ecológicas, não requerem montagem e podem ser usadas como presente para os convidados;
- Para um casamento no campo, utilize ervas aromáticas ou frutos da época como decoração;
- Uma igreja com muitos convidados não necessita de muita decoração e basta pôr flores ou outros elementos a cada dois

bancos. Estes elementos podem ser retirados no fim da cerimônia e usados no local da recepção ou, então, reparta esta despesa com as outras noivas;
- Plantas grandes em vaso podem ser alugadas.

O vestido de noiva
- Alugar o vestido de noiva, comprar em segunda mão ou mandar fazer são opções mais em conta.

Material a imprimir
- A impressão a 4 cores é sempre mais cara do que a 2 cores. Use redes e percentagens diferentes para criar efeitos;
- Papéis com cortes, dobras especiais ou lacinhos e envelopes forrados são sempre mais caros e não é necessariamente mais elegante. Procure a simplicidade;
- Evite casar em feriados porque o preço de alguns serviços pode ser mais elevado;
- Faça a festa dentro do horário estipulado sem recorrer a horas extras.

Transporte
- Utilize o carro de amigos ou familiares.

A recepção
- Um evento formal é mais caro do que informal;
- Opte pela qualidade e não pela quantidade – é preferível ter menos convidados e servir uma refeição de boa qualidade do que muitos e servir uma refeição inferior;
- Frango também é carne! Escolha uma ementa equilibrada, cheia de cor (vegetais) e com ótima apresentação;
- Sirva o bolo de casamento como sobremesa;
- Frutas da estação e alguns doces já bastam para adoçar a boca;
- Contrate o bufet sem as bebidas e negocie o preço dos vinhos por consignação;

- Confirme o número de convidados para não pagar por quem não está;
- Cerveja, vinhos e uma bebida especialmente concebida para esse dia é suficiente para o bar fornecer;
- Encerre o bar em uma hora pré-determinada e sirva café e muita água. Ajuda a acalmar os ânimos.

Música

- Um DJ com várias opções de música é mais em conta do que uma orquestra de três elementos.

Fotógrafo/vídeo

- Contratar um fotógrafo amador pode ser desastroso;
- O tratamento digital de imagem é muito caro.

Presentes para os convidados

- Ofereça artigos comestíveis ou com alguma utilidade.

SENTAR OS CONVIDADOS

De todas as tarefas, esta é a mais difícil, mais trabalhosa, mais demorada e a que levanta maiores dúvidas.

Basicamente há três soluções:

- **Sem lugares ou mesas marcadas** e cada convidado escolhe o seu lugar, o que facilmente pode gerar confusão e algum descontentamento – logo, não é aconselhável.

- **Sem lugares marcados, mas mesas atribuídas** e os convidados sentam-se como desejam na mesa que lhes foi destinada – é um sistema prático e suficientemente organizado.

- **Com lugares marcados em mesas marcadas** e os convidados sentam-se na mesa e no lugar designado – muito trabalhoso, apenas se utiliza em ocasiões muito formais.

A razão para incluir na página da base de dados a coluna para "interesses" justifica-se por ser muito útil no momento em que for preciso agrupar as pessoas e distribuir pelas mesas. À medida que for recebendo a confirmação da participação na recepção, preencha esta indicação e terá, posteriormente, o trabalho facilitado.

Sobre uma folha de papel A3, desenhe a planta da sala e marque a zona de entrada dos empregados, o espaço para o bar e para a dança, e determine a área para a mesa dos noivos (em local bem visível e de fácil acesso). Em seguida, recorte em papel colorido tantos círculos ou retângulos de acordo com o número de mesas para os convidados e numere ou atribua um nome dentro do tema do casamento e espalhe pelo espaço remanescente. Uma vez recebidas todas ou quase todas as respostas, faça a lista de convidados por ordem alfabética e escreva o nome de cada pessoa num *mini-post-it* (para facilmente poder fazer e desfazer) e componha as mesas seguindo algumas considerações.

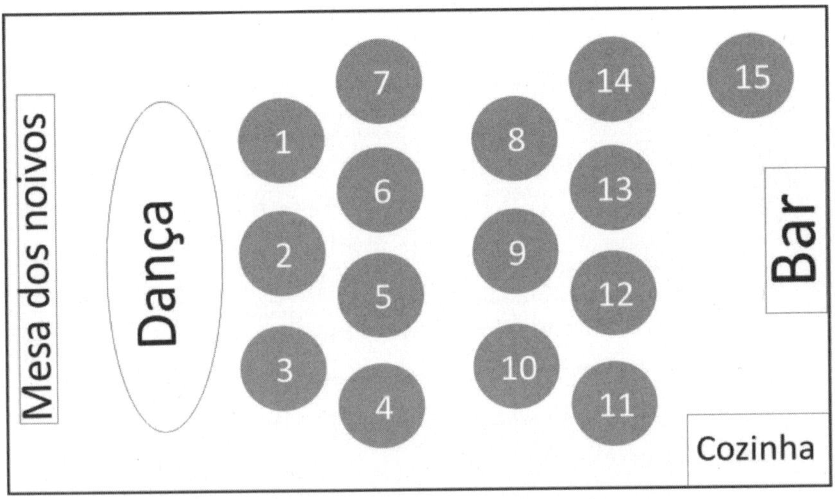

SENTANDO OS CONVIDADOS...

Alguns pontos a considerar:

- Identifique as mesas;

- Há pais divorciados e algumas situações bastante complicadas caso os pais biológicos não tenham grande afinidade com os filhos do segundo casamento ou os seus novos companheiros não são bem recebidos pelo filhos. Evite melindres e não sente nenhum dos pais à mesa dos noivos;

- Os casais sentam-se sempre juntos;

- Casais divorciados devem ficar em mesas separadas, acompanhados pelos novos companheiros, se for o caso;

- Agrupe as pessoas por interesses comuns;

- Não sente a tia Francisca e o tio Antônio na mesma mesa ou em mesas próximas se pretende que a festa decorra sem incidentes bombásticos;

- Pessoas de família gostam de ficar juntas e aproveitar a ocasião para falarem de assuntos da própria família;

- O padre senta-se na mesa dos pais ou da mãe da noiva, porque o casamento religioso é realizado na paróquia da noiva;

- As crianças muito pequenas têm de ficar na mesma mesa dos pais;

- Os jovens divertem-se mais se estiverem sentados em mesa à parte e, no caso de haver muitas crianças, contrate uma babá e os pais agradecerão;

- Evite sentar uma pessoa solteira em mesa só de casais;

- Sente os mais jovens mais próximos da pista de dança e os mais velhos em uma parte mais calma;

- Mesas de diferentes capacidades ajudam a solucionar algumas situações.

Quem se senta na mesa dos noivos?

Quem os noivos quiserem – os pais de ambos, os padrinhos de batismo e os avós; os pais e os padrinhos e madrinhas de casamento; os padrinhos e madrinhas de casamento com ou sem acompanhantes ou a dois, em *tête-à-tête*.

A mesa dos noivos, colocada em local de destaque e à vista de todos, deve ser de fácil acesso para todos. O tamanho e o formato é determinado pelo número de pessoas, de acordo com o desejo dos noivos e a formalidade do casamento. Os noivos sentam-se ao centro, de frente para a sala, e a noiva fica à direita do noivo.

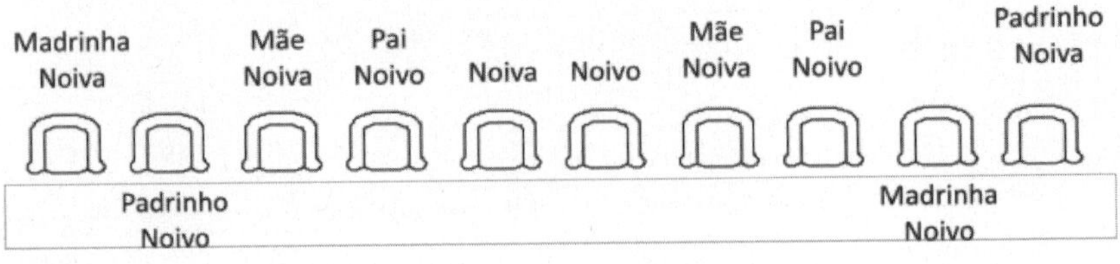

Mesa dos noivos com os pais e padrinhos de batismo.

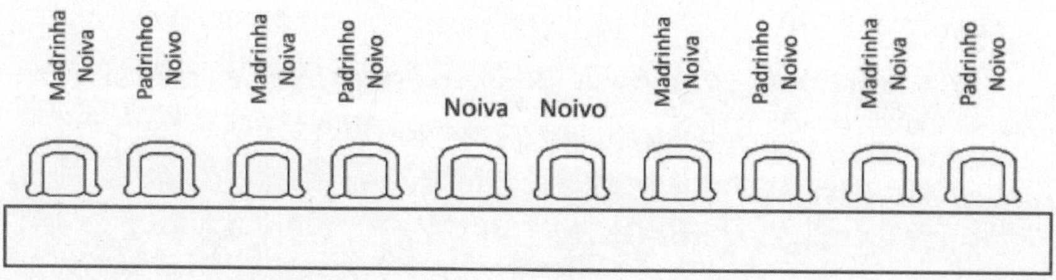

Mesa de noivos com padrinhos e madrinhas.

INDICAÇÃO DE LUGARES

Placar

Para casamentos com muitos convidados, o melhor será colocar, à passagem para o local da refeição, um mapa com essa indicação. Em uma coluna, escreva o nome de cada convidado e à frente o número/nome da mesa atribuída. Na outra coluna escreva o o número/nome da mesa e os nomes dos convidados que nela se sentarão.

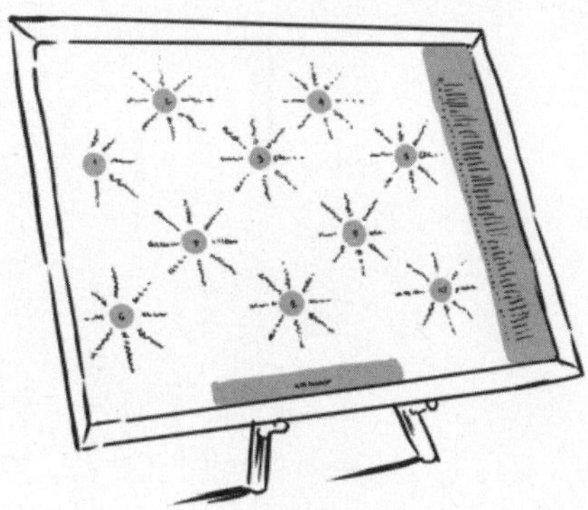

Coluna 1
João Anselmo e mulher – mesa 4
João Pedro Santos – mesa 6

E em coluna ou desenho o nome/número da mesa e o nome dos convidados

Mesa 3
Teresa Catarino
Luís Joaquim Monteiro e mulher
Luís Silva e mulher

Livro

Componha um livro onde constem as mesmas informações acima descritas e distribua a todos os convidados. Como adendo, pode incluir receitas dos pratos servidos, por exemplo, ou as letras das músicas mais significativas.

Cartões

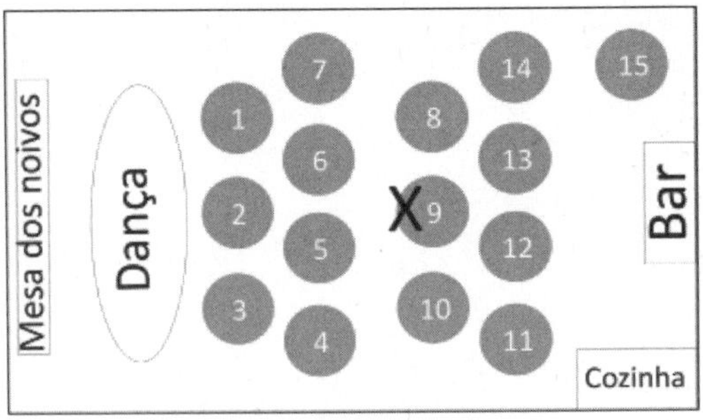

Em casamentos muito formais ou com um grande número de convidados, entregue a cada pessoa um cartão com a planta da sala e as mesas e assinale a mesa atribuída.

Outras ideias

Envelopes com o nome do convidado contendo um cartão com o número da mesa designada.

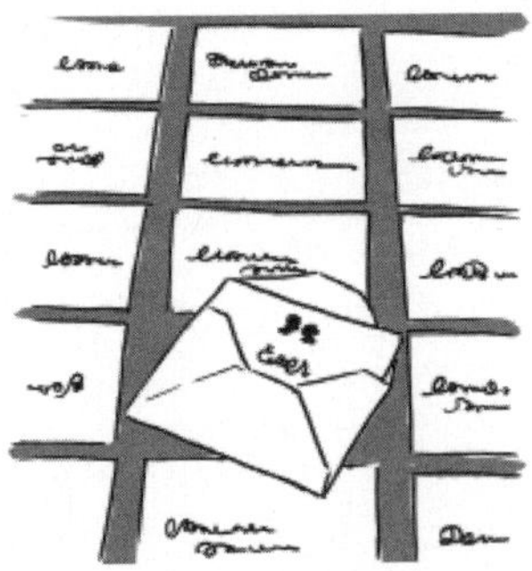

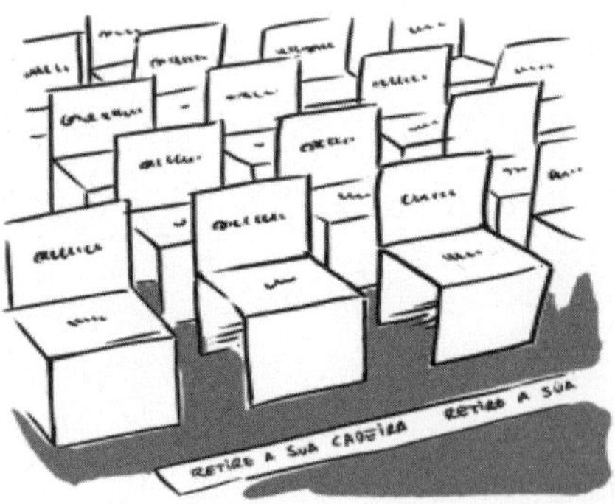

Cadeiras em cartolina com o nome do convidado e o número da mesa atribuída.

DESENROLAR DA CERIMÔNIA, PASSO A PASSO

CASAMENTO CIVIL OU ALTERNATIVO

O casamento civil realizado no Cartório de Registro Civil é uma cerimônia íntima, simples e meramente burocrática. Normalmente apenas assistem os familiares mais próximos e as testemunhas (madrinhas e padrinhos). Sem a pompa e circunstância de um casamento religioso, não se faz qualquer decoração, mas a entrada do noivo e a entrada e entrega da noiva seguem o mesmo procedimento do casamento religioso.

Quando o casamento civil é realizado no local da recepção, independentemente do estilo – na praia, num campo de futebol, num barco ou numa tenda de circo –, prepara-se um espaço (interior ou ao ar livre) para a celebração da cerimônia. Neste caso, e porque todos os convidados assistem à cerimônia, providenciam-se lugares sentados. A entrada dos noivos segue o mesmo procedimento do casamento religioso.

Em qualquer circunstância, o noivo espera sempre junto ao celebrante a chegada da noiva que, por sua vez, é sempre "entregue" ao noivo pelo pai ou outra figura masculina por ela escolhida.

CASAMENTO RELIGIOSO

Os convidados

- À medida que vão chegando, os convidados entram e sentam--se na igreja, onde esperam a chegada dos noivos;
- Os convidados seguem a liturgia e acompanham o coro durante os cânticos;
- Terminada a celebração, podem sair enquanto os noivos assinam o livro ou esperam a saída dos recém-casados;
- Saúdam os noivos à saída com vivas e atiram arroz e/ou pétalas de flores;
- Se tiverem ocasião, cumprimentam e felicitam os noivos;
- Dirigem-se para o local da recepção, cumprimentam e felicitam os noivos e entre si, se já não o fizeram antes.

Os preparativos (a noiva)

- Na manhã do dia do casamento a noiva vai ao cabeleireiro fazer o penteado e a maquiagem previamente experimentados e, se necessário, dar um toque de manicure;
- Faz uma refeição ligeira antes de se vestir;
- Para a vestir, geralmente a mãe e as madrinhas estão presentes e auxiliam no que for necessário. É bom ter à mão agulha, linha e alguns alfinetes de dama para resolver problemas de última hora. Cuidado para não sujar o vestido com a maquiagem!
- Tire todos os anéis – o de noivado inclusive;
- Se combinou previamente com o fotógrafo fazer uma sessão durante os preparativos, este é um dos momentos importantes;

- Viva com alegria cada instante e observe como está linda!
- Acompanhada pelo pai ou outro elemento masculino escolhido, a noiva segue de carro ou a pé até o local da cerimônia religiosa;
- O pai a ajuda a sair do carro.

Madrinhas, padrinhos e pajens

- Os padrinhos acompanham a entrada do noivo pela sacristia e aguardam do lado direito o início da cerimônia;
- As madrinhas e os pajens dirigem-se para a igreja pouco tempo antes da noiva;
- Os pajens aguardam à porta a chegada da noiva;
- As madrinhas pedem a todos os convidados que entrem na igreja e lá aguardem a chegada da noiva;
- As madrinhas entram e sentam-se à frente, no lado esquerdo da igreja;
- Se for necessário ajudar com o vestido, uma das madrinhas espera a chegada da noiva e, depois de a ajudar, entra discretamente pela sacristia;
- Uma das madrinhas segura o buquê durante a cerimônia;
- No momento certo, a criança que leva as alianças aproxima-se do altar e entrega as alianças;

- No fim da cerimônia religiosa, os noivos, as madrinhas e os padrinhos dirigem-se ao altar ou à sacristia e procedem ao registro do casamento;
- Todos os convidados saem da igreja depois dos noivos e dirigem-se para o local da recepção (menos um casal de padrinhos que fica junto dos noivos para ajudar no que for preciso).

Os preparativos (o noivo)

- O noivo faz ou apara a barba e penteia o cabelo;
- Faz uma refeição ligeira antes de se vestir;
- Ajudado pelo padrinho e/ou outros amigos, o noivo veste o terno/fraque e põe a gravata;
- Acompanhado pela mãe, ou outro elemento feminino escolhido, e pelos padrinhos, dirige-se para a igreja e aguarda a chegada da noiva.

Cortejo de entrada na igreja

- O noivo dá o braço direito à mãe e entra na igreja, caminhando lentamente até o banco dianteiro do lado direito, onde a sua mãe se senta. Depois segue até onde os genuflexórios estão colocados e do lado direito aguarda, de pé, a chegada da noiva.

Ou:

- O noivo entra pela porta da sacristia, acompanhado pelos padrinhos e aguarda de pé, junto ao genuflexório direito, a chegada da noiva;
- Os pajens e o menino ou a menina das alianças precedem o cortejo e, se for permitido, cobrem o chão de pétalas de flores (opcional);

- A noiva dá o braço esquerdo a quem a acompanha e, caminhando lentamente, desfila até o altar onde é "entregue" ao noivo que a espera;
- Ao chegar junto do noivo e se a noiva usar véu, o pai (em casos mais formais e/ou tradicionais) ou o noivo descobrem o rosto da noiva, levantando o véu;

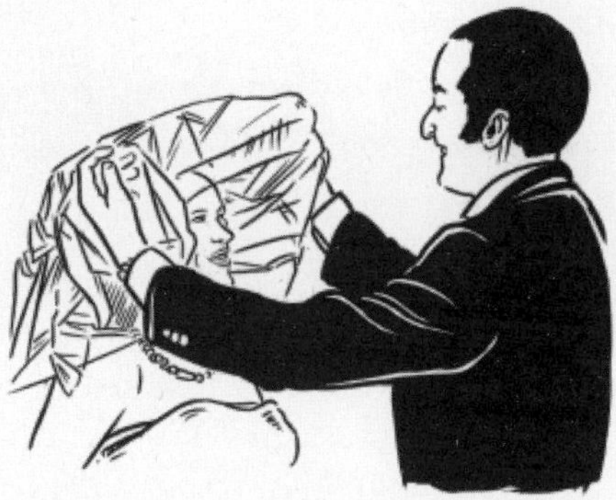

- O pai ou quem acompanha a noiva, depois de a "entregar", retira-se e senta-se no primeiro banco do lado esquerdo da igreja ou local da cerimônia, junto aos outros familiares mais próximos.

Os noivos

- Durante toda a cerimônia, os noivos permanecem lado a lado, frente ao altar, e seguem o ritual religioso;
- No fim da cerimônia e no momento do registro do casamento, noivos e padrinhos dirigem-se ao altar ou à sacristia para assinar o livro de registro do casamento.

Cortejo de saída da igreja

O marido (noivo) dá o braço direito à mulher (noiva) e caminha lentamente até a saída da igreja, onde os convidados os esperam e saúdam, atirando arroz (símbolo de fertilidade) e pétalas. É um momento de felicidade que o fotógrafo deve imortalizar. Os convidados aproveitam esta ocasião para felicitar pessoalmente o casal. Depois destes breves momentos, os noivos partem para o local da recepção.

No local da recepção

- Os padrinhos dirigem-se de imediato para o local e verificam se tudo pronto para receber os noivos e os convidados. Conferem também com o responsável do bufet se está tudo correndo bem e dentro do horário previsto;
- É aconselhável verificar a sala onde vai ser servida a refeição, percorrer as mesas e ajeitar o que for necessário;
- Os noivos chegam e são recebidos pelos padrinhos que os assistem no que for necessário. Como "responsáveis" pela organização do evento, os padrinhos devem tranquilizar os noivos e resolver todos os problemas e questões que possam surgir com convidados ou com a organização;
- O fotógrafo vai fazendo o seu trabalho, fotografando o maior número de convidados possível, em grupo ou sozinhos. Os padrinhos podem indicar quem deve ser fotografado e, eventualmente, apontar um ou outro local bonito como fundo para fotografias de grupo;
- Cerca de vinte minutos após a chegada dos noivos ao local da recepção dá-se início ao coquetel de boas vindas;
- Sessenta a noventa minutos depois, os padrinhos encaminham os convidados para a sala onde a refeição principal terá lugar e, se necessário, ajudam os convidados a identificar a mesa que lhes foi destinada;
- Enquanto os convidados se sentam, os noivos aproveitam para retocar a maquiagem e tirar fotografias a dois;
- Uma vez todos os convidados sentados, os noivos fazem uma entrada triunfal na sala ao som de música previamente selecionada, lançamento de foguetes ou de qualquer outra forma assinalam esta entrada;
- Os noivos sentam-se à mesa.

Inicia-se a refeição

- Se a refeição for servida, os convidados não se levantam até o fim. Numa refeição estilo bufet os convidados apenas se levantam para se servir e regressam à mesa;
- Quando todos os convidados terminarem o prato principal, os garçons servem o champanhe/espumante que acompanha o bolo (se o bolo de casamento for servido como sobremesa);
- Os noivos levantam-se e aproximam-se da mesa do bolo de casamento. Este é mais um dos momentos da celebração em que a presença do fotógrafo é fundamental. A noiva segura na faca com a mão direita e o noivo coloca a sua mão direita sobre a dela e, juntos, cortam o bolo. Este ato simboliza a partilha da vida. Noivo e noiva podem oferecer um ao outro um pedaço do bolo, significando a dádiva comum;

- Nesse momento todos os convidados fazem uma saúde aos noivos com a bebida servida para ocasião;
- Em seguida os garçons distribuem uma fatia a cada convidado, representando a partilha de felicidade do casal;
- Os noivos vão de mesa em mesa e, mais uma vez, cumprimentam todos os presentes. À sua aproximação os convidados levantam-se e, mais uma vez, brindam aos noivos com a bebida servida para a ocasião.

A FESTA CONTINUA...

A dança

Os noivos abrem o baile e dançam a sós ao som de uma valsa ou outra música escolhida para a comemoração. A seguir, os restantes convidados acompanham os noivos na próxima dança e a noite prossegue ao ritmo de músicas combinadeas com a banda ou o DJ. O noivo dança com a mãe, com a sogra e com outras senhoras por quem tenha estima especial. A noiva dança com o pai e outros elementos masculinos, familiares ou amigos.

Durante a festa

As mesas de docinhos, de fruta e de frios permanecem à disposição dos convidados durante todo o evento. Cerca de três horas após ter sido servida a refeição principal oferece-se uma massa ou sopa quente ou alguns salgadinhos quentes. O bar mantém-se aberto até o fim da festa.

Saída dos convidados e dos noivos

Com o adiantar da hora, os convidados de mais idade começam a sair. Despedem-se dos noivos e de quem os convidou e deixam a festa para os mais jovens. Os noivos agradecem a sua presença e apenas acompanham à saída as pessoas com quem fazem mais cerimônia ou tenham especial relação afetiva.

Cada vez mais os noivos permanecem até o final da festa, mas, se por qualquer razão tiverem de se sair antes, despedem-se dos convidados e são acompanhados até a saída. Após a sua saída a festa é dada como terminada e todos os convidados deixam o local.

RESOLVENDO SITUAÇÕES...

Perguntas frequentes

• Os pais do noivo sentam-se com os pais da noiva?
Não. As famílias sentam-se em mesas separadas. Se for um casamento íntimo e com poucos convidados, pode fazer uma mesa única.

• Se um convidado trouxer uma acompanhante de surpresa
Coloca-se mais um lugar na mesa dele.

• O que fazer quando um(a) convidado(a) se excede
Entre os padrinhos foi previamente escolhido um para lidar com estas situações e agora chegou o momento de atuar. Se a situação for extrema, convida-se a pessoa a se retirar.

• Se um convidado da mesa de honra faltar à última hora
Substitui-se por um convidado da mesma "categoria" (família por família, amigo por amigo) e idade.

• A hora já vai adiantada e o convidado não chega
Retira-se o seu lugar da mesa.

• Quando um convidado se sente mal
Tenha preparada uma caixa de primeiros socorros e, se for o caso, chame o 192.

SER CONVIDADO

Recebeu um convite de casamento?

Antes de tudo responda ao convite. Mais do que qualquer outro evento, a resposta a um convite de casamento é importante para que, em caso de não poder comparecer, outra pessoa possa ser convidada no seu lugar.

Quando responder, por telefone ou *e-mail*, não pergunte quem são os outros convidados e muito menos peça para levar alguém – "à boda e ao batizado não vá sem ser convidado", já diz o ditado. Por outro lado, se tiver alguma restrição alimentar, avise para que a situação seja acautelada e lhe seja preparada uma refeição especial.

Aconteceu um imprevisto de última hora e não pode ir? Apesar da proximidade do evento, informe sempre quem o convidou para que sejam tomadas medidas e o seu lugar à mesa não fique vazio.

A cerimônia religiosa e a recepção

Chegue com antecedência ao local da cerimônia e com tempo procure um lugar sentado. Mesmo não sendo crente ou praticante da religião dos noivos, esteja presente e respeite o ritual com discrição, porque aparecer apenas para a recepção não é visto com bons olhos. *Noblesse oblige!*

Depois da celebração do casamento, cumprimente e felicite os noivos à saída, sem, no entanto, os deter por muito tempo, porque outros convidados vão querer fazer o mesmo e o dia só tem 24 horas. Se a fila for muito grande, com mais tempo, cumprimente-os no local da recepção.

Aceite a mesa e o lugar que lhe foi destinado e, se não conhece nenhum dos presentes, aproveite esta oportunidade para fazer novos conhecimentos. Apresente-se, cumprimente os outros convidados e sente-se à mesa. Lembre-se das boas maneiras e só comece a comer quando todos estiverem servidos. Se possível, converse com todos e fale sem monopolizar a conversa, evitando assuntos que possam chocar algum dos presentes. Se porventura os noivos seguirem algum costume ou tradição que desconheça, não critique nem zombe apenas observe com curiosidade.

Durante o evento, festeje com os amigos e os noivos, junte-se à festa e dance mantendo a compostura e sem aproveitar o bar aberto até à última gota! Terá mais oportunidades na vida para beber! .

Sair depois dos noivos é cada vez mais difícil porque, na maior parte dos casos, são eles os últimos a sairem! Os mais jovens ficam noite afora e aos mais velhos é permitido deixar a festa mais cedo, mas só depois de servido o bolo de casamento. Despeça-se dos noivos e dos familiares mais chegados e agradeça aos anfitriões.

Oferecer presentes

Não podendo comparecer, não é obrigado a oferecer um presente, mas se o fizer, certamente será bem recebido. Em qualquer dos casos, envie um cartão desejando felicidades aos noivos.

Se os noivos não tiverem lista de presentes de casamento é porque já não precisam de nada para a casa e, neste caso, o presente em dinheiro é apropriado. No entanto, por uma questão de respeito para com os convidados, os noivos devem esclarecer para quê se destina o dinheiro: se for para a lua de mel, indique o local; se for para reformas na casa, enumere-as; se optar por comprar aquela peça de arte há tanto desejada, descreva-a, ou se pretende fazer uma doação, nomeie a instituição contemplada.

O convidado segue as instruções e faz a transferência bancária ou envia um cheque por correio ou, se preferir, oferece o dinheiro dentro de um envelope fechado e com um cartão pessoal, para que os noivos possam identificar o dador e, posteriormente, agradecer.

O TRAJE ADEQUADO

O grau de formalidade, a hora do casamento e o local da recepção influenciam e ditam a forma como os convidados devem se vestir.

Homens

Em casamentos formais até às 17 horas, e quando o noivo usa fraque, os convidados homens têm duas opções possíveis: vestir fraque ou terno azul marinho, com camisa branca ou cor pérola e punho de abotoadura, gravata de seda clássica e lisa (combinando com o colete do fraque), sapatos pretos e meias da cor das calças. Os padrinhos, o pai e o sogro do noivo vestem fraque.

Os padrinhos, o pai e o sogro do noivo também vestem fraque.

Nota: O fraque nunca se aperta, mas o paletó do terno sim, quando estiver de pé.

Se o noivo não usar fraque ou o casamento se realizar depois das 17 horas, os homens vestem terno azul marinho e nenhum convidado deve usar fraque. Em casamentos após as 19 horas e com jantar de gala, o smoking é o traje adequado. Em caso algum se usam ternos claros ou casaca, destinada a cerimônias de grande gala apenas.

Os homens devem apresentar-se de barba feita ou aparada e com higiene cuidada, não abusando de perfumes fortes.

Senhoras

Em casamentos durante o dia as senhoras vestem vestido curto, ligeiramente acima do joelho para as mais jovens, pantalonas pantalonas ou saia com blusa ou top, com casaquinho/bolero ou échar-pe, sobretudo durante a cerimônia religiosa. À noite para jantar e se o casamento for formal poderá vestir de longo.

Com maquiagem e penteado cuidados, podem-se usar algumas joias que dão um toque de classe, e impõe-se a carteira pequena ou *clutch*.

O chapéu ou *fascinator* só se usam em casamentos formais durante o dia, seja em local ao ar livre ou dentro de casa, mas luvas têm tendência a ser cada vez menos usadas. A anfitriã, que segundo

a tradição é a mãe da noiva, tira o chapéu assim que entrar no local da recepção e as convidadas só tiram o chapéu à hora do pôr do sol.

Usam-se tecidos adequados ao grau de formalidade do evento e de cores alegres e vivas. O preto não é aconselhado por ser uma cor associada ao luto e o branco é exclusivo para a noiva.

Os sapatos são de salto e o uso de meias é aconselhável mesmo no verão, principalmente em ambiente formal.

Jantar formal de celebração do casamento

Organizar um jantar formal na festa do casamento exige grandes preparativos muito cuidados e com grande atenção aos detalhes. A iluminação é parte fundamental e com ela se fazem efeitos fantásticos.

Os homens vestem smoking que pode ser alugado. A faixa e a gravata borboleta de cor igual e de cetim.

Nota: Aperta-se o botão do casaco quando se está de pé e desaperta-se quando se está sentado, mas o casaco modelo jaquetão nunca se usa desapertado.

As senhoras usam vestido longo, pantalonas ou saia longa, blusa ou top, preferindo tecidos nobres com transparências, decotes e rachas mais pronunciadas. Sempre com meias, os sapatos ou sandálias são de salto e use uma bolsa pequena de metal, estilo pochette ou clutch. O penteado e a maquiagem deverão ser sofisticados e as joias ou bijuteria de qualidade, condizente com a vestimenta.

Este livro foi composto em FF Scala
para Texto Editores ltda. em novembro 2012.